Alexander Oetker

Auf Entdeckungstour

Nice to meet you, Paris!

ins Herz der Stadt

POLYGLOTT

Bouquinisten an der Seine: ein gewaltiger Fundus an Büchern, Bildern, Plakaten ...

Zart und cremig: Macarons, ein Baisergebäck aus Mandelmehl

Bienvenue à Paris – la capitale du monde!

Willkommen in Paris, der Hauptstadt der Welt! Die eleganten Boulevards, die prächtigen Haussmann-Fassaden, die lauschigen Caféterrassen und dann noch der in der Ferne blinkende Eiffelturm – wie könnte der Besucher nicht sofort hingerissen sein von dieser Stadt.

So viel wird mit Paris verbunden: »Stadt der Kunst«, »Stadt der Mode«, »Stadt der Haute Cuisine« und vor allem die »Stadt der Liebe«.

Doch um Paris wirklich zu begegnen, musste ich nur morgens aus meiner Haustür treten und erleben, wie die Stadt erwacht: wie die Cafés öffnen, die Bewohner zur Arbeit eilen, die Verkäufer ihre Waren feilbieten. Paris ist eben auch eine Stadt zum Leben – ein lebendig gewordenes Museum. Paris ist eine Weltstadt und trotzdem ein Dorf. Nein, nicht eines. Sondern sehr viele kleine Quartiers, in denen die unverwechselbaren Hauptstädter leben, die sich in dieser pulsierenden Metropole eingerichtet haben – in ihrem kleinen Universum. Die stets zur gleichen *boulangerie* gehen, um ihr Baguette zu kaufen. Stets in denselben Weinladen und in dieselbe *poissonerie*, um Austern und Jakobsmuscheln für das *dîner* zu besorgen.

Ein ganz normales Leben also. Allerdings führen es die *parisiennes et parisiens* eingerahmt von 33 Millionen Touristen, die jährlich herbei-

Mode hat es in Paris bis ins Museum gebracht, wie hier ins Musée d'Orsay.

Zwei, die sich mögen: *la baguette et moi*

strömen, um in das unverwechselbare Flair der »Stadt der Lichter« einzutauchen. Die den Eiffelturm sehen wollen, nach seiner Eröffnung das verhassteste Bauwerk der Stadt, nun eine der berühmtesten Sehenswürdigkeiten der Welt. Die im Louvre allesamt der rätselhaft lächelnden »Mona Lisa« entgegenstreben. Die in den Tuilerien und im Jardin du Luxembourg wandeln, um sich wie »Emily in Paris« zu fühlen. Oder über den Boulevard Saint-Germain flanieren, um die Magie zu spüren, die schon Hemingway und Sartre für diese Stadt eingenommen hat.

Paris ist für mich nicht nur zweite Heimat, seit ich als Fernsehkorrespondent hier viele Jahre leben durfte, sondern mehr. Im Herzen war Paris schon beim ersten Anblick meine wahre Heimat – weil hier so viel zusammenkommt: die Schönheit der Bauten und der Menschen, aber auch der raue Ton der Vorstädte. Die Schnelligkeit der schwerarbeitenden Menschen, die viel Geld verdienen müssen, um sich Paris leisten zu können. Aber auch der Reichtum, der an jeder Ecke glänzt und blinkt. Die jahrhundertealte Geschichte, die sich in Brücken und Kirchen manifestiert. Und die Zukunft, die hier erdacht, erschaffen und gelebt wird.

Immer habe ich gespürt: Es gibt die Magie von Paris nicht noch einmal auf der Welt – diese Stadt ist mit keiner anderen zu vergleichen. Weil sie das Herz berührt und gottlob auch den Bauch. Und weil hier stolze, liebenswerte und (lebens-)hungrige Menschen leben – über die wir in diesem Buch viel erfahren werden. Also: Kommen Sie mit mir auf die Reise, *suivez-moi à Paris*.

Sehr herzlich, Ihr

Meine Lieblingsplätze in Paris

Obwohl der Name »neue Brücke« bedeutet, ist der Pont-Neuf auf der Île de la Cité doch die älteste Steinbrücke der Stadt (16. Jh.).

Treppauf, treppab: im Gassengewirr von Montmartre

Hygienevorschriften der Zwanzigerjahre in der Brasserie Lipp

Auf einer der 237 Stufen, die zur wunderschönen weißen Basilika Sacré-Cœur hochführen

Ein stählerner Koloss, heute bewundert, früher belächelt

Christus-Fresko in Sacré-Cœur

Reges Treiben in den Straßen der Seinestadt

Man muss kein Kind von Traurigkeit sein, um die Trauerweide an der Spitze der Île de la Cité ins Herz zu schließen.

Sinfonie in Sepia: Blick über die Dächer von Paris

Mein Paris

Paris by night: Der blinkende Eiffelturm fasziniert mich jedes Mal aufs Neue.

1

Savoir-vivre à Paris

Ernüchterung und Einsamkeit, Zauber und Fluch, Schönheit und Terror

Aller Anfang ist schwer!

Fünf Jahre lang lebte und arbeitete ich in Paris – und kämpfte am Anfang mit den Widrigkeiten dieser Stadt. Aber irgendwann ergreift hier jeden das Gefühl: Es ist ein Segen, in so viel Schönheit wohnen und leben zu dürfen.

Hemingway sagte: »Wenn du das Glück hattest, als junger Mensch in Paris zu leben, dann trägst du die Stadt für den Rest deines Lebens in dir.« Das Buch, in dem dieser Satz verewigt ist, heißt »Paris – Ein Fest fürs Leben«– und in der Tat: Hemingway, dieses schriftstellerische Genie, hat so recht.

Ich war 25 Jahre alt, als ich mir wünschte, in Paris zu arbeiten – und 26, als der Traum Wirklichkeit wurde. Und Paris, die Stadt und das Gefühl, das sie bei dem Besucher hinterlässt, hat mich bis heute fest in ihrem Besitz.

Ich erinnere mich noch an den Anruf meines Chefredakteurs. Ich stand unter der Dusche in meiner Berliner Wohnung, als er mir auf die Mailbox sprach, ob ich mir vorstellen könne, aus Paris zu berichten. Es würde auch nichts machen, wenn ich mich schnell entschiede. Ich musste nicht lange nachdenken. Ich sagte zu.

Vielleicht hätte ich doch besser länger nachgedacht – allerdings hat mich bis heute niemand je gefragt, ob ich denn Französisch spräche – nicht im Vorstellungsgespräch, nicht im Vertragsgespräch, einfach niemals. Offensichtlich gingen alle davon aus – nur ich hatte da so meine Zweifel – behielt die aber lieber für mich, schließlich wollte ich das Abenteuer Frankreich nicht verpassen.

Aber in der Tat: Mein Brandenburger Abitur hatte ich mit Müh und Not geschafft, auch in Französisch. Und ich glaube, dass meine damalige Lehrerin noch heute verwundert darüber ist, dass ich es in Paris geschafft habe, nicht zu verhungern. Das lag meiner Meinung nach aber auch an der Angewohnheit des damaligen Lehrplans, die Schülerinnen und Schüler beim Erlernen der Sprache derart zu nerven und zu zermürben, bis wirklich niemand mehr Lust hatte auf Französisch. Ich habe bis heute den Plusquamperfekt in Frankreich noch nicht ein-

Gargoyle 1: »Schon wieder einer, der eine Bleibe sucht?« Gargoyle 2: »Ich wüsste da etwas für diesen Alex, nahe Centre Pompidou: elf Quadratmeter für 1000 Euro!«

mal benutzt – musste ihn mir aber über ein halbes Jahr in den Kopf prügeln – statt einfach nur zu sprechen und mich in diese wunderbare Sprache zu verlieben.

Das Abenteuer beginnt

So zog ich also in die Stadt der Liebe, zur schlimmsten vorstellbaren Zeit, der *rentrée* nämlich. Anfang September, wenn alle Pariser aus den Urlaubsdomizilen am Mittelmeer und am Atlantik in die Hauptstadt und an die Schreibtische zurückkehren – und dabei naturgemäß sehr schlecht gelaunt sind, sodass die Frostigkeit der Stadt wohl in keiner anderen Woche des Jahres so hoch ist wie in dieser. Da wurde dann auf den engen Gehsteigen noch einmal mehr gerempelt (und sich aber natürlich höflich entschuldigt – manchmal wird sich auch erst entschuldigt und dann gerempelt), die Kellner waren noch hochnäsiger als sonst – und ich bezog mein kleines erstes WG-Zimmer.

Chambre de bonnes (Dienstbotenzimmer): für Wohnungssuchende mit schmalem Budget oft eine erste Möglichkeit, in Paris unterzukommen

Die Wohnungssuche in Paris war durchaus anspruchsvoll. Als stolzer Mieter einer geräumigen und sehr günstigen Wohnung im Berliner Prenzlauer Berg war ich mir sicher: Das wird schon mit den vier Wänden an der Seine. Kurz gesagt: wurde es nicht.

Die Mietangebote in der Stadt sind ohnehin rar: Denn die meisten Wohnungen sind in Privatbesitz, kaum einer mietet hier, es ist einfach zu wenig Platz für zu viele Menschen, und so sind die Bewohner der Stadt mehrheitlich Eigentümer.

Da aber sehr viele Menschen von außen nach Paris strömen – seien es Franzosen wegen der Arbeit oder Expats zum Studium oder zum Beruf –, ist der Mietmarkt total überhitzt. Diese Wucher-Angebote, die man aus Social-Media-Posts kennt, sind durchaus realistisch: Eine »Wohnung« mit 23 Quadratmetern, Dusche und Klo zusammen, dazu eine winzige Pantryküche, wird hier mal locker 1500 Euro kosten, in guten Lagen gerne mehr. Und natürlich kommt der Vermieter am Monatsanfang persönlich vorbei, um die Miete bar zu kassieren. Ob er sie dann versteuert? Sie können es erraten.

Noch schwieriger ist es mit Wohngemeinschaften, die in Paris einfach nicht so gängig sind wie in Deutschland. Die wenigen WGs, die es gibt, werden zumeist von sehr reichen Kids betrieben, die mit der Wohnung ihrer Eltern ordentlich Kasse machen – und dann auch noch die Regeln in den vier Wänden diktieren – das muss jetzt nicht schlimm sein, kann aber.

So landete ich also in meinem ersten WG-Zimmer, das mit elf Quadratmetern und 1000 Euro Warmmiete nun sicherlich nicht unterbezahlt war. Dafür hatte ich aber auch auf die drei Regeln bei der Wohnungssuche geachtet: Lage, Lage, Lage. Ich war untergekommen in einem historischen Viertel, nun ja, einem modernen historischen Viertel – dem Quartier de l'Horloge im Rücken des Centre Pompidou.

Zeit der Ernüchterung

Die ersten Wochen waren ein Schock. Zuerst natürlich wegen des ganz allfälligen Preisunterschieds: Hatte ich in Berlin für ein Bier beim Späti damals 1,50 Euro bezahlt, um dann mit Freunden auf irgendeiner Parkbank rumzuhängen, kostete hier jedes *demi*, also jedes kleine Glas Bier, mindestens fünf Euro. Und beim Ausgehen am Samstag konnte es dann schon passieren, dass ich beim Bezahlen meines Wodka-Tonic einen Zwanzig-Euro-Schein über den Tresen reichte und auf mein Wechselgeld wartete – es kam aber keines. Günstig wie beim Vietnamesen in Berlin, wo das Hauptgericht damals fünf Euro kostete, gab es in Paris nichts zu essen.

Junge Leute aßen vorm Ausgehen zu Hause – und klugerweise glühten sie genau dort auch noch vor, mit Champagner, Rotwein & Co., um dann schon gut angeheitert auf die Piste zu gehen – es ist einfach günstiger so.

Der zweite Schock war die Sprache: Damals war es tatsächlich noch so, dass die Pariser schlicht und einfach nur französisch sprachen – auch wenn sie Englisch eigentlich gut konnten. Ich möchte vorausschicken, dass sich das gottlob verändert hat, seit fünf, sechs Jahren etwa. Damals aber war es schwierig – und ich verstand, warum Politiker immer wieder darauf beharren, dass alleine die Sprache Grundlage für eine gelungene Integration ist.

Klar, fürs Arbeiten reichte es, ich konnte Interviews auf Französisch führen – und bin eben auch nicht verhungert, weil das Baguette beim Bäcker und das Essen im Restaurant keine große Hürde war.

Es war eher das Gefühl der Einsamkeit, das mich beschlich, als ich spürte, wie alle privaten Gespräche meiner Kollegen an mir vorbeirauschten.

Der Dialog über den neuen Kinofilm, die angesagte Bar, der Gossip über die neue Freundin, all das war so schnell und oftmals im Dialekt der *banlieues*, dass ich kein Wort verstand. Und genau diese Hürde schaffte dann das Gefühl, niemals richtig in Paris ankommen zu können.

Man bleibt unter sich

Denn natürlich machen es die Pariser einem auch nicht leicht, sich mit ihnen anzufreunden. Paris ist eine *societé fermé*, eine geschlossene Gesellschaft. Nicht nur aus Standesdünkel, sondern auch aus Selbstschutz, meine ich. Es kommen so viele Menschen aus aller Welt hierher, die meistens nur ein Jahr bleiben, manchmal zwei, selten für immer.

Das wissen die Pariser – und sie wissen auch, dass sie ihr Herz, selbst für eine Freundschaft, nicht an jemanden verschenken möchten, der bald wieder weg ist. So bleibt die feine Gesellschaft der Stadt unter sich, Franzosen treffen sich mit Franzosen, und das lässt eben auch die Expats unter sich bleiben. Ein Aufbrechen geht da – wenn überhaupt – nur, wenn die Sprache perfekt ist. Doch keine Sorge: Nach sieben oder acht, höchstens neun Monaten in einer fremden Sprache macht es Plopp – und dann wird aus gutem oder sehr gutem Französisch ein fließendes – so war es jedenfalls bei mir. Und spätestens dann lässt sich bei Kinodiskussionen herrlich mitmischen.

Auch sonst schloss ich die Stadt bald ins Herz. Eigentlich hatte ich vor meiner Ankunft hier große Sorgen: Ich hatte in Berlin unter einer Angststörung gelitten, über Jahre war das gegangen. An schlechten Tagen habe ich es nicht einmal zum Briefkasten geschafft. Öffentliche Verkehrsmittel waren gänzlich tabu. Es ging einfach nicht – sobald sich die Tür der U-Bahn zu schließen drohte, musste ich noch schnell rausspringen, weil die Panik von mir Besitz ergriffen hatte.

Und nun also Paris – wo alles viel hektischer, lauter und voller war. Wie sollte das denn gehen?

Kurzum: Ich bin am ersten Arbeitstag in die Métro der Linie 1 gestiegen, an der proppenvollen Station Châtelet, um bis zur Haltestelle George V zu fahren, genau unter den Champs-Élysées. Am Morgen im Pendlerstrom gibt es wohl keine vollere Linie. Und ich glaube bis heute, genau das war des Rätsels Lösung. Weil das Chaos hier so groß war, dass man sich tatsächlich fürchten konnte, weil die Métro so eng und proppenvoll war und die Menschen dicht an dicht standen, hatte meine Angst gar keine Chance, sich zu entwickeln – und ich habe mich quasi mit Paris selbst therapiert.

Vom Untergrund ans Licht

Trotzdem habe ich die Métro nach ein paar Monaten wieder unter der Stadt liegen lassen und bin seither nicht wieder in die verschachtelten Stationen zurückgekehrt. Das liegt aber nicht an meiner wiederaufgeflammten Angst. Sondern daran, dass ich entschieden habe, dass es doch reichlich dämlich ist, in der schönsten Stadt der Welt zu wohnen und dann ständig in den Untergrund abzutauchen, wo die Menschen so graue Pendlergesichter haben wie überall auf der Welt – nun gut, sie sind immerhin besser angezogen als anderswo.

Aber die Schönheiten in Paris befinden sich in jeder Rue, auf jedem Boulevard, auf jedem Square – und zudem ist die Stadt so klein, dass sich beinahe alle Ziele erlaufen lassen, wenn man ein wenig Zeit mit-

Im Jugendstil: Métroeingang Étienne Marcel, gestaltet von Hector Guimard

bringt. Und genau deshalb bin ich dann all die Jahre flaniert, erst von meiner Wohnung durch die Rue de Rivoli, vorbei an der Pyramide des Louvre, durch die Tuilerien und durch den Élysée-Park bis ins Büro – kann es einen schöneren Arbeitsweg geben? 25 Minuten dauerte das.

Bis ich dann in eine wunderschöne und ebenso überteuerte Wohngemeinschaft nahe der Place de Clichy zog, auf den Boulevard de Batignolles. Hier kostete das Zimmer auch 'nen Tausender, hatte aber über 20 Quadratmeter, Holzdielen und einen altehrwürdigen Marmorkamin, der naturgemäß nicht mehr funktionierte – aber ich konnte sehr dekorativ Fotos darauf abstellen.

Von da an spazierte ich zur Arbeit über den Boulevard de Batignolles, durchquerte daraufhin den Parc Monceau mit seinem Teich und den Statuen und Säulen aus Marmor, sah den philippinischen Nannys der reichen Familien beim Spielen mit den Kleinen zu und kam nicht umhin, mich immer wieder zu wundern, wie viel Reichtum in dieser Stadt steckte.

Zwei Seiten einer Medaille

Reichtum auf der einen Seite. Armut auf der anderen. Gefühlt deutlich härtere Armut als in deutschen Metropolen. Das wurde mir immer wieder klar, wenn ich nach einem Dinner mit Adrian, meinem besten Freund und damals Korrespondent des Schweizer Fernsehens, SRF, aus irgendeinem schicken Restaurant im Zentrum aufbrach, um nach Hause zu laufen. Das war immer der perfekte Moment, satt und leicht angeheitert noch eine halbe oder eine Dreiviertelstunde durch das nächtliche Paris zu laufen.

*Erleuchtet von den gelben Laternen,
kein Stau und keine Luftverschmutzung,
Paris ist nachts wirklich wunderschön.*

Oft waren wir zum Tanzen noch im La Peña gewesen, einem herrlichen Salsa-Schuppen in Saint-Germain, so ein richtiges Kellerlokal mit lauter Musik, tanzenden Kubanern und sehr kleinen Mojito-Gläsern, von denen aber zwei reichten, um am nächsten Tag noch etwas davon zu haben. Und vorher hatten wir eben eines der vielen schönen Restaurants im Viertel frequentiert, mit *entrée, plat et dessert*. Eine Flasche Wein oder zwei, sehr gut gelebt eben. Um sich dann auf den Weg zu machen – mit dabei: das schlechte Gewissen. Hatten wir doch eben 200 oder vielleicht 250 Euro bezahlt, eine gigantische Summe für jene, die nun auf meinem Weg lagen. Und zwar nicht nur sprichwörtlich. Ein Stück hinter der Place de la Concorde gen Norden begann ein Spießrutenlauf. Fast alle 30 Meter lag dort jemand, auf den Métroschächten, aus denen die warme Luft nach oben dringt, Matratzen, Schlafsäcke, aus denen Beine schauten, manche hatten aus Supermarktkartons richtige Lager gebaut, in denen sie hausten. Und das war so im Sommer und im Winter, oft sieht man in Paris viele Obdachlose mit Erfrierungswunden oder ohne Gliedmaßen. Es sind schlimme Schicksale, die nichts mit jener Clochard-Romantik zu tun haben, für die Paris angeblich berühmt ist. Es gibt Zehntausende Obdachlose, die Tag für Tag, Nacht für Nacht auf der Straße leben. Virginie Despentes schreibt darüber in ihrer Roman-Trilogie »Das Leben des Vernon Subutex« sehr detailliert und realitätsnah. Wie erschreckend das ist, wird einem erst klar, wenn man einmal nachts durchs reiche Opéra-Viertel läuft und sieht, dass hier vor manchem Haus mehr Menschen liegen, als drinnen wohnen.

Das gilt auch für die Bettlerinnen und Bettler, die auf den Champs-Élysées ihr Glück versuchen, das meist aus einem oder zwei Euro besteht. Beinahe jedes zweite Haus in der Stadt hat einen eigenen Bettler, der vor der Tür sitzt, auch bei mir in Batignolles war das so. Eine nette Frau mit Kopftuch, irgendwo vom Balkan, sie kam am Morgen, woher auch immer, und dann saß sie da, bei

La Peña: Salsa, Mojitos und Latinoflair

Regen, Sonne, Schnee und Kälte – und bettelte. Ich gab ihr immer etwas, jeden Tag, hier in Paris sorgt man füreinander, bei aller Härte der Stadt, dafür segnete sie mich immer. Irgendwann erzählte sie mir auch von ihrem Leben, von Krieg und Flucht und ihren Kindern – ihr Leben hatte nichts zu tun mit meinem, so gar nicht –, und trotzdem fühlte ich eine Nähe und achte seitdem noch mehr auf jene, denen die Sonnenseite des Lebens stets verborgen blieb.

Schnee in Paris: Zauber und Fluch

Apropos Schnee: Es gibt das Klischee, es würde nie schneien in Paris. Sagten mir zumindest alle, die schon länger da wohnten. Seitdem ich dann dort wohnte, schneite es immer. Also mindestens einmal im Jahr. Da versank die Stadt in dichten Flocken – und wurde auf einmal ganz still. Das ist dann jedes Mal so wunderschön, dass ich es kaum in Worte fassen kann: die Tuilerien unter einer weißen Schneedecke, sogar die Statuen tragen dann Hauben aus Schnee. Die breiten Boulevards wie lange Schlittschuhbahnen. Und alle Menschen bewegten sich vorsichtig, andächtig, jeder sprach ganz leise, weil die Stimmung beinahe heilig war.

Bis auf eine Missstimmung: Denn fast niemand in Frankreich – bis auf ein paar Alpenbewohner – hat Winterreifen. Und niemand hat Erfahrung mit Schnee. So bricht das ohnehin angespannte Verkehrssystem

Schneeflocken verwandeln die Tuilerien in eine filigrane Fantasielandschaft.

bei der ersten Schneeflocke zuverlässig zusammen. Busse stehen quer, Lkw blockieren Kreisverkehre, nur noch die Fahrräder des Vélib-Systems bewegen sich, nun ja, mehr schlecht als recht. Einmal mussten wir für eine Reportage über Gänsestopfleber dringend zum Bahnhof – aber der Taxifahrer kapitulierte schon irgendwo hinter der Kirche Madeleine. »Ich habe keine Winterreifen«, murmelte er. »Und alles ist zugestaut.«

Mir war klar, dass wir den Zug verpassen würden, wenn wir das Verkehrsmittel wechseln mussten. Also wies ich dem Fahrer den möglichen Weg durch eine Lücke, die ich als deutscher Schneeexperte ausgemacht hatte. Doch er war ängstlich und fürchtete um seinen verbeulten Prius. Also stieg ich aus und begann, den Verkehr zu regeln. Wies einen Bus hier entlang, schob mit Hilfe ein anderes Taxi an, damit es im Schnee anfahren konnte, winkte drei Autos herbei, die sich gegenseitig blockierten, bis wir endlich weiterfahren konnten. Es war ein bisschen peinlich, es war vor allem sehr deutsch, aber es war wirkungsvoll. Wir erreichten den Zug – und der fuhr pünktlich los. Das nämlich klappt in Frankreich immer, ob bei minus 30 oder plus 40 Grad.

Also, kurzum: Es war hinreißend, dieses Leben und Arbeiten in Paris. Weil sich hier Kunst und Kultur und Genuss und Schönheit – nicht nur der Stadt, sondern auch ihrer Menschen – so wunderbar die Waage halten. Klar, nicht mehr jedes Klischee stimmt heute, wo die Welt auch in Paris schneller geworden ist. Natürlich gibt es auch hier die Unsitte, dass der Salat in der Mittagspause schnell am Schreibtisch aus einer Plastikverpackung gemampft wird. Aber immer noch gibt es mehr Pariser, und zwar quer durch alle Schichten, die sich zum *déjeuner* im *resto* treffen. Es gibt dann preisgünstigere Menüs, oder wie im hervorragenden Comptoir de l'Arc, in dem wir uns immer auf der belebten Avenue Marceau trafen, auch reduzierte Einzelgerichte, die hier von ausgesprochen attraktiven Kellnerinnen und Kellnern serviert werden.

Amouröse Angelegenheiten

Die schönen Menschen. Hach, es ist schon so: In Paris liegt die Liebe in der Luft. Als ich mit 26 hier ankam, gab mir ein befreundeter Korrespondentenkollege, der schon sehr lange in der Stadt lebte, den guten Rat, doch sehr genau auf meine Umgebung zu achten – besonders, was die Liebe angehe. Ich verstand nicht so recht, was er meinte. Nach

Paris und die Liebe: *Love is in the air.*

Jahren in der Stadt weiß ich nun sehr wohl, warum »Wir sind Helden« im Lied »Aurélie« so schön dichten: »Die Deutschen flirten sehr subtil.« Wahrer wäre wohl eher: Die Deutschen flirten überhaupt nicht. In Frankreich hingegen sind mir Dinge passiert, die besser in einen Groschenroman als in einen Reiseführer gehören – wenn Sie mehr wissen wollen: »Mittwochs am Meer« ist ein zauberhafter Liebesroman über eine wahre Begebenheit – und er spielt teilweise auch in Paris.

Es ist tatsächlich so, dass Sie in der Métro im August sehr offensiv angegangen werden, besonders, wenn Sie einen Ehering tragen. Ich trug damals keinen, also keine Sorge. Denn die Frauen, die in der Hauptstadt bleiben, während die Familie urlaubt, suchen dann halt schon mal einen Mann für den August – und umgekehrt. Affären sind in Paris so alltäglich wie im ganzen Land: ein Grund mehr für die hohen Hotelpreise und die vielen Hotels in der Stadt. Und was die Präsidenten vorleben – von Mitterrand bis Hollande, der mit seiner Schauspielerin auf dem Motorroller durch die Stadt brauste –, das machen die Bürger eben auch.

Das klingt alles sehr genießerisch und amourös – doch als Journalist wurde ich ja zumeist gerufen, wenn es Schlimmes zu berichten gab.

Metropole im Ausnahmezustand

So habe ich mein Paris in diesen Jahren und seither oft auch unter Schock gesehen, wie beim Flugzeugabsturz der Air-France-Maschine vor Brasilien im Jahr 2009. Oder in großer Wut, wie bei den Gelbwesten oder den heftigen Vorstadtunruhen 2023 nach dem Tod eines Jugendlichen aus der *banlieue* – oder wie im Jahr 2015 in tiefer Trauer.

Wir alle, Korrespondenten, Kameraleute, viele Freunde, waren oft in den Vierteln am Canal Saint-Martin unterwegs, wir haben im Le Petit

Cambodge gegessen, wir waren im Bataclan bei Konzerten. Um dann, am 12. November 2015, einige Stunden nach den Anschlägen, wieder hier zu sein, diesmal aber vor Polizeiabsperrbändern, vor zerschossenen Scheiben, vor den Autos des Institut médico-légale, der Gerichtsmedizin.

Ich habe Paris nie wieder so paralysiert gesehen. Diese stumme Wut in allen Gesichtern, die aber eine hilflose Wut war, weil alle wussten, dass es gegen diese Bestien, die keine Gnade kannten, auch in Zukunft wohl nur schwer einen Schutz geben kann. Dazu die Ungläubigkeit derer, die im 10. Arrondissement wohnen und dabei zusehen mussten, wie ihr Viertel angegriffen wurde, ihre Lieblingsorte für immer mit den schlimmsten Erinnerungen versehen wurden. Wie nichts je wieder wie davor sein wird.

Es waren düstere Tage in dieser Stadt in jenem November. Paris, das immer auf seinen Caféterrassen lebte – und nun waren es ausgerechnet jene, die angegriffen wurden. Es gab noch eine Massenpanik einen Tag später, im jüdischen Viertel, da waren wir mittendrin. Die umgestürzten Kaffeehausstühle und zerbrochenen Gläser, die Menschen, die in Panik in Gebäude hetzten, die Polizisten mit gezogenen Waffen …– ich werde diese Anspannung nie vergessen.

Bis heute besuche ich kein Restaurant in Paris mehr, ohne nicht vorher zu schauen, wo ein Fluchtweg ist, wo ich mich im Notfall verstecken könnte: hinter welcher Tür, hinter welchem Tisch. Und wie mir geht es vielen. Ich bin sehr dankbar, dass sich die Lage verbessert hat, weil die Sicherheitsorgane unter Emmanuel Macron sehr gut organisiert wurden und ihre Gefährder besser unter Kontrolle haben – einsame Wölfe wird es natürlich weiterhin geben, solche verheerenden und von langer Hand geplanten Anschläge hoffentlich nie wieder.

Terror, Gelbwesten, Corona …

Nach dem Terror kamen die Gelbwesten, dann Corona. Die Stadt wurde von der Polizei streng kontrolliert, die Straßen waren zuweilen wirklich menschenleer. Romy Straßenburg, meine beste Freundin, sagte mir hinterher, als sie nach Monaten ihre Ellbogen wieder auf einen Tresen in ihrem Café legen durfte, hatte sie beinahe Tränen in den Augen, weil sie spürte, wie sehr sie das vermisst hatte. Paris ist das Café, und das Café ist Paris – beides ohne einander ist undenkbar.

Etwas Merkwürdiges ist passiert in diesem Paris, das ich 2008 als sehr kühl und unnahbar erlebte, zuweilen sogar unfreundlich.

Mit dem Terror blieben die ersten Touristen weg. Mit Corona dann alle. Und die Pariser waren unter sich. Das war für ein paar Monate sehr schön – und die Stimmung nach dem zweiten Lockdown war wirklich sehr besonders in der Stadt, frei und fröhlich. Doch in Paris leben und arbeiten so viele von und mit den Urlaubern – deshalb war klar: So kann es nicht weitergehen.

> *Und Paris erfand sich einmal mehr in der Krise neu, ganz nach dem Leitspruch: Fluctuat nec mergitur. »Sie schwankt, aber sie geht nicht unter.«*

Der Trend, dass Kellner Englisch sprechen, hat sich ja schon mit der Verjüngung des Personals durchgesetzt. Aber seit zwei oder drei Jahren geht es mir wirklich zuweilen so, dass ich mich ob der Freundlichkeit des Service im Restaurant umdrehe, um zu schauen, ob ich wirklich noch in Paris bin. Alle – und zwar wirklich alle – sind so zugänglich und liebenswürdig geworden, die Kellner, die *maîtres*, sogar die Türsteher. Man wird bedient – und zwar schnell, es gibt Rat, wenn der Gast ihn braucht – und sogar die Qualität hat überall zugenommen.

Irgendwie ist es, als habe ein gütiger Gott Paris auf menschenfreundlich gekrempelt. Möge es so bleiben.

Was?

Spazierengehen, Relaxen, Freizeit, Sport und Spiel

Wo und wann?

Parc Monceau

In Gedichten verewigt, mehrfach auf Leinwand gebannt und vom schottischen Gartenbauarchitekten Thomas Blaikie im englischen Stil umgestaltet. Nach der Französischen Revolution ging der 1769 gegründete Parc Monceau an die Öffentlichkeit über. Heute ist er eine beliebte grüne Oase bei den Anwohnern.

- 35, boulevard de Courcelles
  75008 Paris
  Sommer 7–22, Winter bis 20 Uhr
  Métro: Monceau (Linie 2)

Was?
Gut essen, mit einem hervorragenden Preis-Leistungs-Verhältnis.

Wo und wann?
Le Comptoir de l'Arc
Authentische französische Küche nahe dem Arc de Triomphe. Hier sind viele Einheimische anzutreffen.
- 73, avenue Marceau
  75116 Paris
  Tel. +33-1-47 20 72 04
  7–24 Uhr (Zeiten variieren)
  Métro: Charles de Gaulle–Étoile (Linie 1)

Was?
Zwei Gedenkstätten für die Opfer der Terroranschläge

Wo und wann?
Jardin du Souvenir
An der Place Saint-Gervais ist ein Jardin du souvenir, ein »Garten der Erinnerung«, im Entstehen. Die Einweihung ist geplant für den 10. Jahrestag der islamistischen Anschläge, den 13. November 2025.
- Place Saint-Gervais
  75004 Paris

Musée-mémorial du terrorisme
Auch diese Gedenkstätte widmet sich ab 2027 den Opfern der Terroranschläge in Frankreich und wird in Suresnes, einer Vorstadt von Paris, eröffnet. Sitz wird ein bisheriges Nationalinstitut sein, unweit des Denkmals für die Kämpfer der Résistence. Mit der Errichtung des Museums sollen die Opfer des Terrors in Frankreich gewürdigt werden.
- 58-60, avenue des Landes
  92150 Suresnes
  www.musee-memorial-terrorisme.fr/manifeste

Parc Monceau: ein Ort zum Flanieren und Träumen, Entspannen und Auftanken

Die stille Place de Furstemberg in Saint-Germain-des-Prés, auf die schon Eugène Delacroix beim Malen seiner Bilder blickte

2

Das linke Seine-Ufer

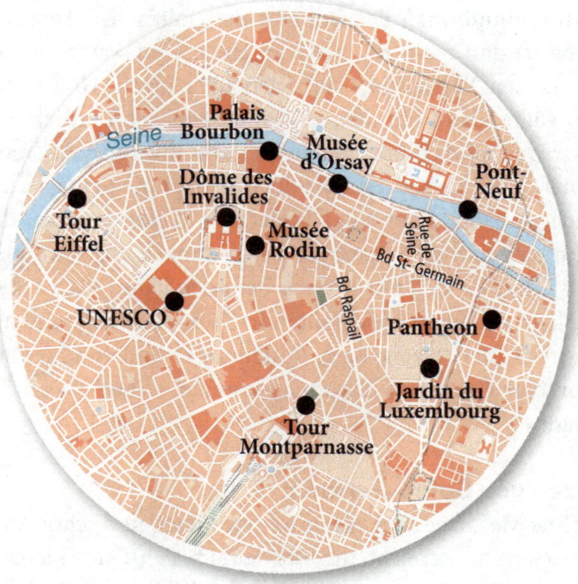

**Junge Wilde,
Alte Meister und eine
rasante Verkehrswende**

Rive Gauche – Genuss, Literatur und große Geister

Wer jung ist, rockt das rechte Seineufer, genießt Shopping und Clubs, billige Bars und den Glamour der Champs-Élysées. Und wer alt ist, der flaniert am linken Ufer der Seine in Saint-Germain-des-Prés entlang, träumt sich im Musée d'Orsay in die Zeit der Impressionisten und wählt zwischen Galerie und noblem Bistrot.

So in etwa könnte man das Bonmot des politischen Deutschlands – »Wer jung ist und nicht rot, hat kein Herz. Und wer alt ist und nicht schwarz, keinen Verstand« – auf Paris übertragen. Und wenn das so stimmen sollte, dann bin ich seit mindestens zehn Jahren alt – denn seit dieser Zeit ist das linke Seine-Ufer, die Rive Gauche, meine Pariser Heimat. Also überqueren wir doch einmal die Seine, so wie ich es stets mache, auf dem Pont-Neuf. In der Rue Mazarine gibt es die gleichnamige unterirdische Parkgarage, die so dunkel, eng und quasi unbefahrbar ist, dass sie sich nur in Paris befinden kann. Macht aber nichts, denn sie liegt einfach perfekt mitten in Saint-Germain, und alle meine »Lieblinge« (Läden, Cafés, Bars, Restaurants) sind von hier aus gut zu erreichen. Nur einparken muss man können – aber das gilt ja für die ganze Stadt.

Im Herzen von Saint-Germain

Von der Rue Mazarine sind es nur wenige Meter, und schon ist das Herz von Saint-Germain erreicht, die Rue de Buci. Es ist eine kleine Fußgängerstraße, aber in ihr vereint sich Paris im Kleinen. Links beeindruckt die herrlich dekorierte Fassade des Hipster-Cafés Maison Sauvage, das je nach Jahreszeit über und über mit Kunstblumen bewachsen ist. Die aber kein bisschen billig aussehen, sondern einfach nur wild, ein Attribut, wie es das Haus schon in seinem Namen trägt. Hier trinkt die Jeunesse Dorée am Abend viel zu bunte Cocktails. Während ein paar Häuser weiter im Café Atlas eigentlich ausschließlich Touristen überteuerte Meeresfrüchte in sich hineinstopfen, aber immerhin sind die Etageren sehr fotogen für das *Plateau-de-fruit-de-mer*-Foto bei Instagram.

Es gibt hier auch noch kleine Läden für die Bewohner des Viertels: das Obstgeschäft, den *tabac*, die *boulangerie*, den Presseshop und auch den richtig guten Delikatessenladen. Den Apéro nehme ich stets in der Bar du Marché, wo die Kellner in ihren Matrosen-T-Shirts sehr apart aussehen, der etwas überdrehte Service gehört hier mit dazu. Es ist einfach ein illustrer Ort, um die Menschen vorbeiströmen zu sehen, wenn die »blaue Stunde« naht – die Zeitgenossen, die sich aus den Büros auf den Weg nach Hause machen, genauso wie jene, die schon bereit sind für das Flanieren und die Annehmlichkeiten des Abends.

Besonders gerne unternehme ich spätabends einen Abstecher in die kleine Rue de Furstemberg, einen winzigen Platz, nach dem deutschen Kardinal Wilhelm Egon von Fürstenberg-Heiligenberg benannt. Der Maler Eugène Delacroix hatte hier sein Atelier mit Blick auf diese herrliche *place*. In der Mitte des Platzes stehen zwei Bäume und eine alte Laterne, drumherum niedrige Wohnhäu-

NICHT VERPASSEN

Die Schlange zum Glück

Warum stehen sich ausgerechnet bei diesem Bäcker jeden Morgen die Kunden die Beine in den Bauch, mag sich der Paris-Besucher fragen. Vielleicht hat ja dieser *boulanger den ersten Preis beim concours de la meilleure baguette de Paris* gewonnen, den Preis für das beste Baguette der Stadt, der jedes Jahr verliehen wird. Die Jury bewertet Duft, Geschmack, Krume, Kruste und die perfekte Backzeit. Der Gewinner erhält nicht nur ein Preisgeld von 4000 Euro, sondern darf darüber hinaus ein Jahr lang den Élysée-Palast beliefern.

ser, Galerien und Werkstätten. Wenn abends das goldene Licht Fassaden und Bäume in eine romantische Stimmung taucht, ist das der ideale Ort für den ersten Kuss oder auch den achttausendsten.

Rund um die Seine

In den Straßen rund um die Rue de Seine gibt es dicht an dicht Hunderte Galerien und Kunstgeschäfte. Ganz unterschiedliche Läden und Ateliers, manchmal bieten sie erlesene Antiquitäten oder japanische Möbel an, woanders hat man sich auf Teppiche oder Glaskunst spezialisiert. Man kann hier auch tolle zeitgenössische Kunst und Künstler entdecken, u. a. bei Kamel Mennour in der Rue Saint-André des Arts oder in der Rue du Pont de Lodi. Auch Frédéric Got hat zwei seiner drei Galerien in der Rue de Seine, in der er Fotografien, Skulpturen und andere moderne Kunst ausstellt.

Blick auf den Pont des Arts und die Académie française mit ihrer markanten Kuppel

Von der Rue de Seine aus lassen sich unterschiedliche Wege einschlagen: Zum Beispiel bis zum Ende der Straße, vorbei am reizenden kleinen Square Gabriel Perné (Square heißen diese winzigen Grünflächen, auf denen stets zwei oder drei Bänke zu einer kurzen Ruhepause einladen), und dann eröffnet sich eine wunderschöne Szenerie: die Seine in ihrem Bett und davor der riesige Kuppelbau des Institut de France – ohne Frage die bedeutendste wissenschaftliche Vereinigung des Landes, die unter ihrem Dach die Académie française, die Akademie der schönen Künste und der Wissenschaften vereint.

Erdrückende Herzenslast

Gegenüber befindet sich der Pont des Arts, der lange Zeit eine Kulisse für diese gruselige Tradition war, Schlösser in Herzform an Brückengeländern anzubringen, um damit die ewige Liebe eines Paares zu bezeugen. Mir war schon immer rätselhaft, was für ein trauriges Symbol ein abgeschlossenes Vorhängeschloss darstellen soll – aber es brauchte wohl erst den Zusammensturz mehrerer Geländer unter der Last von 50 Tonnen Metallschrott, dass Paris diesem seltsamen Gebaren endlich den Garaus machte und alle Schlösser entfernen ließ. Seitdem ist der Pont des Arts endlich wieder auszuhalten.

Und dann könnte der Flaneur eigentlich die Rampe heruntergehen und sich immer entlang der Seine halten. Endlich ist das möglich – und es hat die Atmosphäre in der Stadt so gewaltig verändert, wie es vorher nicht möglich schien. Vielmehr zeigte Paris, dass Politik durchaus Lenkungswirkung haben und ein Stadtbild sowie die Stimmung der Bewohner zum Positiven verändern kann – eine Lehre, die sich ängstliche Politiker anderswo mal hinter die Ohren schreiben könnten.

Vom Autowahnsinn zur Fahrradstadt

Als ich in den 2000er-Jahren hier lebte, tobte der Verkehr jeden Tag entlang der Quais. Immer am Fluss, auf zwei oder drei Spuren, stadteinwärts, stadtauswärts. Ganz oft stand man aber auch einfach nur im Stau – die wenigen Male, die ich im Feierabendverkehr die vier Kilometer zwischen Büro und Wohnung mit dem Auto zurücklegen musste, habe ich sicher stets anderthalb Stunden gebraucht. Die Luft war mies, die Stimmung auch. Aber eins war völlig klar: Die Stadt braucht diese Schnellspuren, wie sollen sonst die Millionen von Pendlern täglich zügig zur Arbeit kommen?

Doch es war keine zögerliche Verkehrswende, die Anne Hidalgo, die sozialistische Bürgermeisterin von Paris, einleitete, sondern ein Knall.

Anne Hidalgo widmete kurzerhand alle, aber wirklich alle Quais um – keine Straßen mehr, sondern nur noch Platz für Fußgänger, Radler und – leider – auch Elektroroller (Letztere aber nur noch bis 2024). Doch das war nur der Anfang: Sobald die Politik die Stadt für ihre Bürger zum Fluss hin geöffnet hatte, wurden die Uferpromenaden gestaltet, mit einfachsten Mitteln: eine Ziellinie für Jogger, ein kleiner Kletterpark für Kinder, Buden mit Crêpes und Wein, so ist der Weg entlang der Seine nicht nur im Sommer das pure Amüsement. Und die Bürgermeisterin ging in der Pandemie noch weiter: Straßen wurden ständig verkleinert, Spuren abgezwackt für Radwege. War es 2008 noch lebensgefährlich, auf den Vélib', den günstigen Leihrädern, die überall in der Stadt stehen, über die Boulevards zu brausen, ist Paris mittlerweile zur Fahrradstadt avanciert. Die Rue de Rivoli, früher vier Spuren purer Autowahnsinn plus Bus- und Taxispur, hat nun noch eine Spur für Autofahrer und vier für Radler. Auch das war unvorstellbar, aber es funktioniert.

Natürlich: Viele Pendler stehen nun noch länger im Stau, dafür ist die Luft in der Innenstadt jetzt wesentlich besser, klarer, sauberer, sodass es keine Frage mehr sein darf, welchen Weg Europas Städte in Zukunft gehen müssen.

Zeitreise durch die Jahrhunderte

In der Rue de Seine lässt sich aber auch ein anderer Weg einschlagen: jener auf den legendären Boulevard Saint-Germain. Dessen wichtigste Landmarke eine der ältesten Kirchen der Stadt ist: die Abtei von Saint-Germain-des-Prés. Schon im Jahr 558 wurde hier ein Sakralbau geweiht, die jetzige Kirche wurde ab dem 11. Jahrhundert gebaut und immer wieder erweitert. Die alten groben Steine geben ihr etwas

Wie ein Sternenzelt: die farbenprächtige Decke im Kirchenschiff von Saint-Germain

Ursprüngliches, und auch im Inneren des Gotteshauses ist die Atmosphäre ganz besonders: Der Chor, das Kirchenschiff, die Wandgemälde, alles ist sehr schön, aber ebenso behutsam restauriert, sodass man sich auf einer Zeitreise durch die Jahrhunderte wähnt. Und wenn dann noch durch die bunten Glasfenster das Sonnenlicht fällt, wird es hier drinnen ganz still und andächtig. Der Besucher kann sich dann kaum vorstellen, dass gleich hinter der Mauer der Verkehr auf dem Boulevard Saint-Germain vorbeirauscht.

Nach dieser heiligen Verschnaufpause kann es weitergehen: In den Gassen ringsum finden sich unzählige kleine Boutiquen und Designer-Shops, während auf dem Boulevard selbst eher die großen und sehr teuren Einrichtungsläden Quartier bezogen haben. Aber schon der Schaufensterbummel lohnt sich und lässt mich immer wieder die Frage stellen, was für Wohnungen und Häuser manche Menschen wohl haben müssen, um all diese eleganten Einrichtungsgegenstände, Küchen, Vasen und Teppiche überhaupt unterzubringen.

Vergänglicher Ruhm

Die zwei berühmtesten Caféhäuser der Stadt dürfen nicht unerwähnt bleiben, sie liegen in direkter Nachbarschaft auf dem Boulevard: das Café de Flore genau neben dem Les Deux Magots. In Letzterem gingen Künstler wie Rimbaud, Picasso, Oscar Wilde und Hemingway ein und aus, im Flore waren es die Beauvoir und Sartre, Jean Cocteau und Karl Lagerfeld. Nicht zuletzt deshalb sind beide Cafés seit Jahrzehnten Touristenmagneten, was der Qualität nicht unbedingt gut getan hat. Trotzdem verleihen beide Häuser immer noch alljährlich Literaturpreise für aufstrebende Autoren, sicher auch, um den Ruf der Boheme-Cafés irgendwie aufrechtzuerhalten.

Eine Tasse Kaffee hier in allen Ehren, doch zum Essen empfiehlt es sich dann eher, andere Stätten aufzusuchen. Eine einmalige Erfahrung ist – zumindest für Carnivore – das Le Relais de l'Entrecôte. Ich habe schon viel über das L'Entrecôte in Bordeaux geschrieben, dieses legendäre Restaurant, in dem man nicht reservieren kann und wo sich die Gäste die Beine in den Bauch stehen, manchmal stundenlang, manch einer hat in der Schlange die Liebe seines Lebens kennengelernt, und nun kommen beide immer sonntags hierher zum Essen.

Das L'Entrecôte selbst gibt es in Paris nicht, aber diese Kette mit drei Filialen in Paris hat das Konzept übernommen. So stehen die Menschen auch vorm Laden in der Rue Saint-Benoît an, um dann später den Dreiklang des Menüs zu genießen: Salat mit Nüssen und Vinaigrette, ein sehr kraftvolles Dessert – und in der Mitte das legendäre Steak frites. Ein zart gebratenes *faux filet* mit Pommes, so viel der Gast will und schafft – und der geheimen Sauce, die schon Restaurantkritiker landauf, landab zu entschlüsseln versuchten – ohne Erfolg.

Weiter geht's auf dem Boulevard gen Nordwesten. Die Läden verschwinden bald und machen links und rechts Büros, Ministerien und Botschaften Platz. So hat in der parallel verlaufenden Rue de Lille der deutsche Botschafter seine Residenz, das Palais Beauharnais. Es ist nicht zu vergleichen mit der sehr betonlastigen und zweckmäßigen Botschaft auf der Rive Droite, dieses Palais ist schon fast ein Château. 1713 erbaut, erwarb es 1803 Eugène de Beauharnais, der Stiefsohn von Napoléon, und ließ es luxuriös ausstatten, um es dann nach seiner Flucht ins Exil an den preußischen König zu verkaufen. Seither war es erst preußische Gesandtschaft, dann Botschaft und seit 1968 Residenz des deutschen Botschafters. Der herrliche Garten ist ein Ort für große Feste, zu denen ab und an auch Journalisten eingeladen werden. Ich erinnere mich, hier mit Kurzzeit-Bundespräsident Wulff irgendein WM-Spiel gesehen zu haben. Zweimal im Monat kann das Palais auch auf Voranmeldung besichtigt werden, die Führungen sind auf Französisch und kostenlos. Anmeldungen können online bei der Deutschen Botschaft vorgenommen werden.

Museen, Palais, Kirchen

Gar nicht weit von hier befindet sich das – für mich jedenfalls – schönste Museum von Paris, das Musée d'Orsay, über das Sie im Kapitel 7 (s. S. 124) mehr lesen können. Folgen wir dem Boulevard bis zu seinem Ende, sind dort – wenn endlich alle Bauarbeiten abgeschlossen sind – die Säulen der hochherrschaftlichen Assemblée Nationale zu sehen. Das Palais Bourbon schaut über die Brücke auf die Place de la Concorde – ein beeindruckendes Haus mit Fresken und einem anmutigen Portal. Hier wird die Politik Frankreichs gemacht, zumindest die parlamentarische. Nicht so modern und weiträumig wie im neuen Berliner Reichstag, sondern ganz französisch: Eng und laut sitzen die Abgeordneten zusammen auf den roten Stoffbänken des Plenarsaals, in dem Halbrund geht es hektisch und mitunter sehr leidenschaftlich zu. Die Umgebung des Palais wird beherrscht von Bürogebäuden, in denen die Abgeordneten untergebracht wurden, weil der Platz in dem alten Bau einfach nicht ausreichte. Auch die meisten Ministerien haben im 7. Arrondissement ihren Sitz.

Es gibt aber auch einen reizvollen Platz hier, der zum Verweilen einlädt, nämlich den vor der Basilique Sainte-Clotilde. Für mich ist sie eine der schönsten Kirchen der Stadt, deshalb wirkt hier auch der Bruder meines Pariser *commissaire* als Priester in meinen Krimis.

Zu gerne bin ich in dem strengen gotischen Gotteshaus, dessen Kirchenschiff so hoch aufragt, dass es den Himmel zu berühren scheint.

Invalidendom, ein barocker Prunkbau

Die Fensterbilder sind anmutig, und in dieser andächtigen Atmosphäre legt sich stets eine gewisse Ergriffenheit auf die Besucher. Sehr schön ist auch der kleine Park vor der Tür mit dem dazugehörigen Spielplatz.

Napoléons letzte Ruhestätte

Es geht weiter zum Invalidendom. Auf den weitläufigen Rasenflächen davor können die Pariser endlich mal aufs satte Grün treten, denn das ist in den meisten anderen Parks in Innenstadtlage nicht gestattet. Also wird hier im Sommer Fußball gespielt, gejoggt oder man macht es sich einfach auf der Wiese gemütlich und relaxt – ein Sonnenplatz sowie Treff der jungen Bewohner und Studenten dieses Quartiers. Immer gerät dabei der Dôme des Invalides ins Blickfeld, dieser auffällige Kuppelbau mit seiner goldenen Spitze, der die Achse von Concorde in den Süden der Stadt überragt. Früher war der Dom tatsächlich eine Kirche für Kriegsversehrte, seit 1840 aber ist er die Grabstätte von Napoléon, der hier in einer Krypta exakt unter der Kuppel ruht.

Auch andere ranghohe Militärs und Politiker haben hier ihre letzte Ruhestätte gefunden. Immer, wenn es in Frankreich bedeutende Persönlichkeiten zu betrauern gibt, dann finden die Zeremonien im Dôme des Invalides statt: beispielsweise die Trauerfeier von Jacques Chirac, die der Politikerin Simone Veil, aber auch die Zeremonie für die Terroropfer der Anschläge vom November 2015.

Wo Paris zum Dorf wird

Hinter dem Invalidendom führt die Rue de Grenelle fort ins westliche 7. Arrondissement. Hier wird Paris dann wieder zu einem Dorf, zugegebenermaßen zu einem sehr reichen und malerischen Dorf. Eine der schönsten Straßen der Stadt kreuzt die Grenelle: die Rue Cler. Es ist eine charmante Marktstraße, Autos dürfen hier nicht fahren, nur Lieferwagen. Deshalb flanieren die Menschen Tag für Tag durch die kleine Straße, links und rechts locken Läden mit all den Waren, die das Herz begehrt: Fleischer, Bäcker, Fischladen, ein Grill nur für knusprige Hähnchen, ein extravaganter Blumenladen, ein herausragender, teurer Obst- und Gemüseladen, zwei Weinläden, ein Supermarkt (tatsächlich ein ALDI – in dieser Lage – herrje!), mehrere Cafés und Restaurants – und ein *traiteur*.

Noch so eine französische Errungenschaft: weil die Bewohner von Paris vermutlich mehr Geld als Zeit haben.

Kaum jemand ist hier Hausfrau oder Hausmann, Frauen und Männer arbeiten in Paris traditionell beide. Doch natürlich gibt es hier wie im ganzen Land ausgedehnte Dîners. Aber da niemand so recht Zeit hat, diese auch vorzubereiten, gibt es dafür Läden wie den *traiteur* in der Rue Cler: Hier können Sie in der offenen Vitrine, die auf der Straße steht, tatsächlich jede französische Spezialität kaufen, die Sie sich nur vorstellen können. Sie müssen nichts mehr machen – alles wird feinsäuberlich eingepackt, und dann müssen Sie sie daheim nur noch aufwärmen. Das Angebot reicht von aufwendigen Spezialitäten wie einer Lammhaxe oder einem Bœuf Bourguignon bis hin zu sehr simplen Dingen: So können Sie hier auch einfach das Kartoffelpüree, den sautierten Spinat oder ein paar Bohnen kaufen – für rund 20 Euro pro Kilo! Es ist manchmal wirklich so absurd, dass ich vor den Vitrinen stehe und den Kopf schüttle ob der abenteuerlichen Preise oder der Feststellung, dass man den Spinat doch wirklich noch selbst in den Topf werfen könnte – aber sei's drum: *Time is money* – erst recht in der teuersten Stadt des Landes.

Geht man die Rue Cler hinauf, trifft man auf die Rue Saint-Dominique. Auch so eine hübsche Straße. Ein besonderer Laden ist die Boulangerie Le Moulin de la Vierge. Die Bäckerei ist sehr alt und war lange sehr angesehen in dem Viertel, einfach, weil der Laden pittoresk ist. Leider waren die Brote und Kuchen früher viel besser. Deshalb sollte man heute einfach nur ein Foto von außen machen – und dann hundert Meter weiter in die moderne Bäckerei Liberté gehen – hier schmeckt alles … *formidable*. Genau wie bei Aux Merveilleux de Fred, einem Laden, der einer berühmten Kette angehört. Hier gibt's alles rund um Baiser, in Frankreich heißt das *méringue* – und die Auswahl unter dem ausladenden Kronleuchter ist wirklich bemerkenswert.

Noch ein Tipp: An der Ecke beim Café Le Recrutement bietet sich einer der besten Blicke auf den Eiffelturm, die perfekte Fotokulisse.

Ein Gigant aus Stahl

Und dann läuft man einfach immer weiter Richtung Westen, durch die herrliche Straße mit ihren tollen Schaufenstern – auf den berühmten Turm zu. Hier beginnt le Champ de Mars, das Marsfeld. Fast 25 Hektar umfasst dieser Park, derzeit beherbergt er die Ausweichstätte des Grand Palais während der Bauarbeiten in dem wunderschönen Museum auf der rechten Seine-Seite. Hier werden während der Olympischen Sommerspiele 2024 auch die Wettkämpfe in Judo, Ringen und im Beachvolleyball ausgetragen. Es ist ein weitläufiger grüner Gürtel, dieses Marsfeld – und es wird beherrscht – natürlich: vom Eiffelturm.

La Tour Eiffel, diese schlanke Schönheit aus Stahl, kennt wirklich jedes Kind. Für Paris ist sie eine Landmarke – eine wider Wil-

HÄTTEN SIE'S GEWUSST

Eiffels Turm ist Malers Liebling

324 Meter misst der Eiffelturm, je nach Temperatur und der damit verbundenen Ausdehnung sind es bis zu 18 Zentimeter mehr oder weniger. Und diese riesigen Ausmaße haben einen argen Feind: Rost. Damit dieser nicht zu nagen beginnt, wird alle sieben Jahre gestrichen – und zwar für die Dauer von anderthalb Jahren. Die Maler müssen naturgemäß schwindelfrei sein – genau wie die Touristen, die ganz nach oben wollen. Dort befindet ein kleines Apartment, das sich Gustave Eiffel in den eigenen Turm bauen ließ. Die Möbel darin stammen aus der Zeit des Erbauers – und die Aussicht von hier oben ist natürlich *magnifique*.

Vom Café Le Recrutement zeigt sich der Eiffelturm von seiner Schokoladenseite.

len sozusagen. Sie kennen die Geschichte sicher: 1889 von Gustave Eiffel für die Weltausstellung gebaut, wurde der stählerne Koloss von so vielen Parisern verflucht, dass er eigentlich gar nicht hier hätte stehen bleiben sollen. Weil das 330 Meter hohe und 10 000 Tonnen schwere Bauwerk nur als Aussichtspunkt und Eingangsportal für die Weltausstellung gedacht war. Besonders Künstler regten sich über das Skelett aus Stahl auf, das die Stadt auch noch um ein Vielfaches überragte. Aber so ist das eben mit Geschmack: Heute ist der Eiffelturm ohne Frage das berühmteste Bauwerk der Welt – und auch mir geht es noch heute so, dass ich beim ersten Vorbeifahren einen Moment staune – oder wenn ich um die Ecke biege, und der Turm taucht unerwartet auf, dann spüre ich stets eine Ergriffenheit, ein Staunen, angesichts dieser erhabenen Schönheit, aber auch wegen des Gigantismus dieser Idee.

Sehr bedauerlich ist die Entwicklung, dass der Eiffelturm nicht mehr frei begehbar ist. Früher habe ich mich einfach mal für eine Stunde unter den Turm gestellt und nach oben geschaut – ich habe einfach zu viel Höhenangst für die vielen Treppen (und auch für den Fahrstuhl). Doch wegen der Terrorgefahr haben die Behörden den Turm komplett mit einer riesigen Glaswand eingerüstet, sodass nur noch auf den Platz unter dem Turm kommt, wer Eintritt bezahlt und sich hat durchleuchten lassen. Nun ja, es gibt eben auch Entwicklungen, die nicht so schön sind – verständlich sind sie nach den Anschlägen allemal.

> **HÄTTEN SIE'S GEWUSST**
>
> **New Yorks Zwilling**
>
> Der Big Apple hat vielleicht die größte Freiheitsstatue – dafür hat Paris gleich fünf. Die originale Statue wurde im Oktober 1886 eingeweiht, als Geschenk der Franzosen an die Amerikaner. Dafür schenkten die an der Seine lebenden Amerikaner der Stadt Paris den Abguss der Bronzestatue – sie steht nun im Maßstab 4:1 auf der Spitze der Île aux Cygnes westlich des Eiffelturms – und blickt in Richtung ihrer New Yorker Zwillingsschwester. Und es gibt noch vier weitere Freiheitsstatuen: eine im Musée des Arts et Métiers, eine im Musée d'Orsay, eine im Jardin du Luxembourg und eine am Bug eines Schiffes, das in der Nähe des Eiffelturms vertäut liegt.

Von Betonwüsten und turmhohen Ungetümen

Wenn Sie nur wenige Tage in der Stadt sind, können Sie sich den weiteren Fußweg sparen, aber mit dem Schiff auf der Seine fährt man auch noch an einem ganz besonderen Viertel vorbei, das der Besucher einmal gesehen haben muss – allein deshalb, weil es so auffällig und – nun ja – auch ein wenig hässlich ist: Es ist keine touristische Gegend, dieses Quartier de Grenelle genau am Fluss – und in der Tat fragt man sich, welcher Stadtplaner dieses Panorama hat zulassen können.

Schließlich hat sich Paris gut darauf verstanden, sogar in schwierigen architektonischen Zeiten das Stadtbild weitgehend unberührt zu lassen, auch wegen sehr strenger Baugesetze die Höhe betreffend. Nur die Tour Montparnasse wurde genehmigt, nach ewigen Diskussionen, die rund um das 210 Meter hohe dunkle Monster bis heute – verständlicherweise – andauern.

Und hier, im 15. Arrondissement, gibt es eben auch einige Hochhäuser – und was für welche: In den 1970er-Jahren war der Brutalismus die maßgebliche Bauform und galt eben als modern. Und so trieben die Architekten des Viertels 20 Hochhäuser in den Himmel, 100 Meter hohe Ungetüme, die allesamt unterschiedlich aussahen. Allen gemeinsam war einzig die überbordende Hässlichkeit: Da war die Tour Totem, ein Wohnturm, der aussah, als hätte jemand übergroße Rubix-Würfel in Beton geworfen. Oder diese schrecklich verspiegelte goldene Fassade ein paar Türme weiter. Kurzum: eine ziemlich scheußliche Betonwüste, die so heute wahrscheinlich niemand mehr genehmigen würde.

Deshalb machen wir uns nun wieder auf nach Osten. Wir gehen nicht direkt an der Seine entlang, sondern spazieren über die Place Joffre und die Avenue de Tourville vorbei am Hauptsitz der UNESCO. Wo sonst als in Paris sollte die Hauptorganisation der Vereinten Nationen für Kultur ihren Sitz haben? Und dann ist da schon das Musée Rodin (s. S. 125). Natürlich ist dieses herrliche *hôtel particulier*, wie die großen Stadtvillen in Paris heißen, nun wirklich kein musealer Geheimtipp mehr, dafür ist es viel zu berühmt. Allein die weitläufigen und sorgsam gepflegten Parkanlagen sind schon einen Besuch wert.

NICHT VERPASSEN

La Butte aux Cailles

Besonders schön sind in Paris die kleinen Buttes, die alten und ursprünglichen Hügel, die die einzelnen Dörfer der Stadt bildeten. Auf der Rive Gauche ist die *Butte aux Cailles* mein liebster Hügel. Nördlich der Cité U, der Universitätsstadt, befindet sich dieses Kleinod, das einen wie auf einer Zeitreise zurück in jene Tage schickt, in denen es hier ganz ruhig und gemächlich zuging. In dem Viertel sind die Straßen voller Kopfsteinpflaster, die Häuser niedrig und aus altem Stein erbaut. Viele Gebäude sind heute mit modernen Graffiti übersät, die Butte ist ein Zentrum für Streetart. Hierher zogen vor hundert Jahren viele Auvergnaten, Elsässer, Basken, Zugereiste aus den ländlichsten Provinzen Frankreichs also, die sich auf die Suche nach Arbeit in der großen Stadt machten. Sie brachten ihre Traditionen mit, vor allem aber auch die deftige Küche der Regionen. So gibt es hier wunderbare Restaurants wie die Auberge de la Butte, La Butte aux Piafs und Chez Gladines, Letzteres ist nun wirklich kein Geheimtipp mehr, aber ein Klassiker für die Freunde baskischer Küche.

- Rue de Cinq Diamants/Rue de la Butte aux Cailles, 75013 Paris, www.aubergedelabutte.com, www.labutteauxpiafs-paris.fr/de, www.chezgladines-butteauxcailles.fr, Métro: Corvisart (Linie 6)

Kaufhäuser, Kirchen und Restaurantlegenden

An der Ecke Rue de Babylone und Rue de Sèvres steht ein Kaufhaus, das es in Paris durchaus mit den Galéries Lafayette aufzunehmen vermag, dessen Ruf aber in der Stadt ausstrahlt und sich nicht, wie die Galéries von der Rive Droite, mit Kaufhäusern in ganz Frankreich und sogar international hervorgetan hat. Doch das hier ist das Bon Marché. Denn es wurde schon 1838 eröffnet und war damit das erste Großwarenhaus der Welt. Die Auswahl war hier einzigartig, und der Erfolg lockte Trittbrettfahrer an, die ihre Kaufhäuser aber alle auf der rechten Seine-Seite errichteten, wie das endlich wieder eröffnete Kaufhaus Samaritaine.

Seit einigen Jahren hat LVHM, die größte Luxusgüterkette der Welt von Magnat Bernard Arnault, das Haus übernommen. Es wird übrigens vom ehemaligen Chef des KaDeWe geleitet, Patrice Wagner, der Franzose ist. Und dann sind wir eigentlich schon fast wieder beim Boulevard Saint-Germain angelangt, und damit im Herzen der Rive Droite. Vorher wartet noch die wunderschöne Place Saint-Sulpice mit der gleichnamigen Kirche, übrigens der zweitgrößten von Paris. Heinrich Heine und Victor Hugo haben in diesem Gotteshaus geheiratet. Das Kirchenschiff ist in seinen Ausmaßen wirklich bemerkenswert, genau wie die von dem Florentiner Giovanni Niccolò Servandoni gestaltete Fassade. Von hier ist es ein Katzensprung zum Marché Saint-Germain, der alten Markthalle, die heute aber gänzlich umgestaltet wurde und nur noch moderne Boutiquen beherbergt. Ringsum gibt's trotzdem einige empfehlenswerte Restaurants und auch echte Legenden. Wie das Polidor (s. S. 49). Sagen wir mal so:

Sie werden schwerlich günstiger essen können in dieser zentralen Lage, und wenn Sie auf französische Klassiker stehen, dann werden Sie hier fündig.

Jeden Tag der Woche mittags und abends, eine Reservierung ist nicht möglich, so muss man entweder pünktlich da sein oder eine Weile warten. Dafür gibt's dann dicht gedrängt, laut und an die Tische gepresst die Ingredienzen der Bistrot-Klassiker: beispielsweise das Bio-Ei mit

Mayonnaise zur Vorspeise, Bœuf Bourguignon oder Kalbs-*blanquette* als *plat* und ein *baba au rhum* zum Dessert – für gerademal 24 Euro. Dass es dann nicht so angerichtet ist wie bei Robuchon, das kann man dafür schon in Kauf nehmen.

Im Jardin du Luxembourg

Bevor wir ins Universitätsviertel eintauchen, empfiehlt sich nicht nur nach dem Essen ein Spaziergang durch den Jardin du Luxembourg. Er liegt genau neben dem Gebäude des Senats, der zweiten Kammer der französischen Politik, vergleichbar mit der Länderkammer Bundesrat in Deutschland. Legendär sind die kleinen Boote, die auf einem der Teiche im Park zu mieten sind, es ist ein riesiger Spaß für Kinder – auch für sehr große Kinder –, einen Sonntagnachmittag damit zu verbringen, diese kleinen Segelschiffe auf Kurs zu halten. Aber einfach auf den grünen Stühlen herumzusitzen und zu lesen hat auch einen großen Reiz, als Elternteil sehr aktiver Kinder allemal.

La Samaritaine: Ein Blickfang ist die Dachterrasse mit ihren Art-déco-Elementen.

Und dann geht es weiter, vorbei an der Sorbonne, am Musée de Cluny und den Thermen; alles hier beschäftigt sich mit der gallorömischen Stadtgeschichte und dem Mittelalter – beeindruckende Ausstellungen und Ruinen.

Spielwiese für Nachtschwärmer und Bohemiens

Rund um die Place Saint-Michel verläuft die Ausgehmeile der Rive Gauche – allerdings besonders für junge Expats und Touristen. Pariser meiden die günstigen Restaurants und Bierbars eher und steuern die Kneipen ihrer eigenen Viertel an.

Also wenden wir uns wieder den schönen Gegenden zu wie der Rue Mouffetard, der Place Monge und der Place de la Contrescarpe. Hier lebte Ernest Hemingway nach seiner Ankunft in Paris als junger Mann, er besuchte die Cafés und sprach reichlich dem Alkohol zu. Und tatsächlich ist die ganze Gegend ein Quartier der Bohemiens geblieben, des leichten Lebens und des Gläschen Weißweins am Vormittag auf einer der lauschigen Terrassen.

Was Hemingway den Literaten, ist »Emily in Paris« den jungen Leuten, die heute die alte Stadt wieder für sich entdecken. Seit die Serie bei Netflix durchstartete, boomt Paris wie nie zuvor. Der hübsche Platz, an dem die junge Werberin aus den Staaten ihr Quartier bezieht, ist übrigens auch hier zu finden: die Place de l'Estrapade mit ihren Bänken und dem schönen Brunnen.

Tempel des Ruhms

Genau nebenan befindet sich das Panthéon – die stolze Ruhmeshalle der Republik mit ihrer Kuppel und dem Säulenportal. Victor Hugo, Marie Curie, Émile Zola, Jean-Jacques Rousseau – sie alle haben ihre letzte Ruhe im Panthéon gefunden. Zuletzt 2021 Josephine Baker, als erste schwarze Frau überhaupt.

Das Panthéon ist ein Ort der Ruhe und gleichzeitig zutiefst beeindruckend, weil die Kuppel über der großen Halle zu schweben scheint. Und dann ist da noch das berühmte Foucaultsche Pendel. Damit bewies Léon Foucault im März 1851, dass sich die Erde dreht. Nun hängt das Pendel mit der goldenen Kugel im Panthéon und zeugt davon, dass es die Franzosen waren, die der Welt so manches Geheimnis offenbarten.

Was?

Altehrwürdige Palais und Kirchen, ein weltberühmter Turm, Napoléons letzte Ruhestätte und die nationale Ruhmeshalle. Aber auch angesagte Galerien und charmante Restaurants.

Wo, wann und wie viel?

Assemblée Nationale – Palais Bourbon

In der Nationalversammlung werden Gesetze verabschiedet, kurzum: Politik gemacht. Der Palais Bourbon besitzt einen wunderschönen Säulengang aus napoleonischer Zeit. Es gibt auch Ausstellungen mit zeitgenössischer Malerei und Skulpturen.

- 126, rue de l'Université
  75007 Paris
  www.assemblee-nationale.fr
  Besichtigung auf Anfrage
  Métro: Assemblée Nationale (Linie 12)

Basilique Sainte-Clotilde

Papst Leo XIII. hat dieses im 19. Jh. im neogotischen Stil erbaute Gotteshaus 1897 zur Basilika erhoben. Meisterlich: die Cavaillé-Coll-Orgel. Die Kirche ist frei zugänglich.

- 23B, rue Las Cases
  75007 Paris
  Métro: Solferino (Linie 12)

Dôme des Invalides

Der berühmte Kuppelbau beherbergt im Untergeschoss seit 1840 den gewaltigen Sarkophag mit der sterblichen Hülle Napoléons.

- Esplanade des Invalides
  75007 Paris
  www.musee-armee.fr
  Tgl. 10–18, Di bis 21 Uhr
  Krypta 14 €, Armeemuseum frei
  Métro: La Tour-Maubourg (Linie 8)

La Tour Eiffel (Eiffelturm)

Ein Meilenstein der Ingenieurskunst. Mit 330 m Höhe prägt der eiserne Gigant – das Wahrzeichen von Paris – bis heute das Stadtbild.

- Champ de Mars
  75007 Paris
  www.toureiffel.paris/de
  Tgl. 9.30–23 Uhr
  Preise je Etage: 11,30–28,30 €
  Métro: Trocadéro (Linien 6, 9)

Palais Beauharnais

1713 erbauter Stadtpalast mit prachtvoller Innenausstattung, seit 1968 Sitz der Deutschen Botschaft. Zweimal im Monat (außer Juli, Aug.) kann es kostenlos besichtigt werden.

- 78, rue de Lille
  75007 Paris
  Führung von 10–11.30 Uhr
  Métro: Assemblée Nationale (Linie 12)

Panthéon
Nationale Ruhmeshalle im neoklassizistischen Stil mit Krypta. Ein Blickfang: das Foucaultsche Pendel, mit dem erstmals die Erdrotation nachgewiesen werden konnte.
- Place du Panthéon
  75005 Paris
  www.paris-pantheon.fr
  Okt.–März 10–18, April–Sept. 10.45–18.30 Uhr
  8,50 €, erm. 6 €
  Métro: Cardinal-Lemoine (Linien 7, 10)

KUNSTGALERIEN

Galerie Frédéric Got
Moderne Kunst (Gemälde, Skulpturen und Fotografie) in drei Dependancen.
- 32 und 35-37, rue de Seine
  75006 Paris
  www.galeriegot.com
  Di–Sa 10.30–19.30 Uhr (Nr. 35–37)
  Mi–So 10.30–19.30 Uhr (Nr. 32)
  Métro: Saint-Germain-des-Prés (Linie 4)

Kamel Mennour
Kunstgalerie mit Werken zeitgenössischer Künstler an vier Ausstellungsorten.
- 47, rue Saint-André des Arts
  www.mennour.com
  Di–So 11–19 Uhr
  Métro: Odéon (Linie 4, 10)

ESSEN UND TRINKEN

Auberge de la Butte
Patron Petros serviert schmackhafte französische Gerichte in gemütlichem Ambiente.
- 8, rue de la Butte aux Cailles
  75013 Paris
  www.aubergedelabutte.com
  Tgl. 10–24 Uhr
  Métro: Place d'Italie, Corvisart (Linien 5, 6, 7)

Bar du Marché
Die BDM, wie sie von Insidern genannt wird, ist hip und nostalgisch zugleich. Karierte Tischdecken und Ober im Look der Pariser Straßen-*garcons*. Fingerfood, feine Drinks und faire Preise.
- 75, rue de Seine
  75006 Paris
  Tgl. 7.30–24 Uhr
  Métro: Mabillon (Linie 10)

Chez Gladines
Knackige Salate, deftige Charcuterie, Pasteten, baskische Spezialitäten … in heimeliger Atmosphäre.
- 30, rue des cinq Diamants
  75013 Paris
  www.chezgladines-butteauxcailles.fr/de
  Mo–Fr 12–15 und 19–23.45, Sa, So 12–16 und 19–23.45 Uhr
  Métro: Tolbiac (Linie 7)

La Butte aux Piafs
Kleines Eckrestaurant mit guter Hausmannskost. Gemütlich, freundlich, preisgünstig.

- 31, boulevard Auguste Blanqui
  75013 Paris
  www.labutteauxpiafs-paris.fr
  Tgl. 12–15 und 18–23 Uhr
  Métro: Corvisart (Linie 6)

Le Relais de l'Entrecôte
Große Auswahl an köstlichen Gerichten zu bezahlbaren Preisen. Kein Wunder, dass die Kunden hier geduldig Schlange stehen.

- 15, rue Marbeuf – Métro: Franklin Roosevelt (Linien 1, 9)
- 20, rue Saint-Benoît – Métro: Saint-Germain-des-Prés (Linie 4)
- 101, boulevard du Montparnasse – Métro: Vavin (Linie 4)
  www.relaisentrecote.fr
  Tgl. 12–14.30 und 18.45–23 Uhr

Maison Sauvage
Charmantes Lokal auf zwei Etagen. Aufgetischt werden internationale Gerichte und kleine Snacks, im Sommer auf der hübschen Terrasse.

- 5, rue de Buci
  75006 Paris
  www.maison-sauvage.fr
  Tgl. 7–20 Uhr
  Métro: Mabillon (Linie 10)

Polidor
Traditionelles Pariser Restaurant von 1845. Man serviert Entenconfit, Bœuf Bourguignon, *brandade* vom Kabeljau (Fischmousse) oder *blanquette* vom Kalb.

- 41, rue Monsieur Le Prince
  75006 Paris
  www.polidor.com
  Tgl. 12–15 und 19–24 Uhr
  Métro: Saint-Michel (Linie 10)

Bar du Marché: ein Ort zum Abschalten, Wohlfühlen und Genießen

Ein Hingucker ist die überwucherte Fassade der Brasserie La Favorite gegenüber der Kirche Saint-Paul-Saint-Louis im Marais.

3

Das rechte Seine-Ufer

Ein Nationalheiligtum, Sumpfgebiet zum Verlieben, die Wiege der Revolution

Rive Droite – Shopping, Kunst und große Oper

Schwer zu sagen, welchem Seineufer die Inseln zuzuordnen sind, auf denen Paris einst geboren wurde – oder besser gesagt: Lutetia, wie der Name der Stadt im Keltischen lautete.

Deshalb beginnen wir unsere Tour durch Paris auf der Insel, der alles zustrebt: der Île de la Cité. Hier, wo der Nullpunkt aller Entfernungsmessungen in Frankreich liegt – auf dem Vorplatz der Kathedrale Notre-Dame.

Ich persönlich kenne keinen Franzosen, der am 15. April 2019 nicht entweder mit weit aufgerissenem Mund auf seinen Fernseher starrte oder gleich ins Auto oder in die Métro gestiegen war, um so nah wie möglich heranzufahren – um mitanzusehen, zu beten, zu hoffen, dass *die* Landmarke von Paris erhalten bleibt. Die Zwillingstürme der Kathedrale, von denen in den schlimmsten Minuten des Brandes niemand wusste, ob sie es schaffen würden, ob die jahrhundertealten Steine den verheerenden Flammen widerstehen würden. Und das Raunen und

Noch drei Jahre nach dem verheerenden Brand sind Notre-Dames Wunden sichtbar.

Entsetzen der Menge, als der hölzerne Spitzturm kollabierte und ins Innere der Kirche fiel.

Von Notre-Dame zum Pont-Neuf

Am Morgen danach war klar: Es war überstanden. Die Türme hatten gehalten – und damit das Antlitz der Stadt bewahrt. Und Präsident Emmanuel Macron war sofort klar: Nun ging es um den Wiederaufbau, aber auch darum, seinen Landsleuten zu beweisen, was für eine großartige Ingenieursnation die Franzosen sind. Natürlich sind mittlerweile die Mühen und Ebenen zu erkennen, die Rekonstruktion wird langwierig und teuer – und so ist die Île de la Cité derzeit mehr Baustelle als Sehenswürdigkeit.

Von Notre-Dame gen Westen warten andere bedeutende Gebäude: Gleich hinterm Marché des Fleurs, dem Blumenmarkt, liegt die Präfektur der Stadt, hier war früher der Sitz der Kriminalpolizei, und auch der legendäre Commissaire Maigret hatte seinen Schreibtisch am 136, quai des Orfèvres. Mittlerweile sind die Beamten in ein modernes Hochhaus am nördlichen Stadtrand umgezogen, schade drum!

Über den verkehrsumtosten Boulevard du Palais erreicht man das Justizzentrum: Hierher kamen wir Journalisten stets, um über die aufsehenerregenden Terror- und Kriminalfälle zu berichten, die sich in Paris zugetragen haben, die Prozesse um die Bataclan-Anschläge genauso wie der grenzübergreifende Mordfall an dem deutschen Mädchen Kalinka im Jahr 1982, deren Vater den mutmaßlichen Täter nach Frankreich verschleppen ließ, um ihn der Justiz auszuliefern.

Ein Teil des Justizpalastes beherbergt die Sainte-Chapelle, die für die Öffentlichkeit zugänglich ist. Die hochgotische Palastkapelle hat imposante Buntglasfenster, einen mit Reliquien regelrecht gespickten Altar, und alles scheint den hohen Decken entgegenzustreben.

Wenn die Sonnenstrahlen durch die prächtigen Fenster fallen, herrscht hier eine magische Stimmung.

Die Sainte-Chapelle ist ein Blickfang und lohnt einen Besuch. Tickets müssen vorher gekauft werden, es gibt auch eine Sicherheitsüberprüfung.

Von einer besonders schönen Seite zeigt sich die Place Dauphine im Frühjahr, wenn die Kastanien ihr rotes Blütenkleid angelegt haben.

Im Rücken des Justizpalastes liegt die Place Dauphine, ein dreieckiger Platz mit schönen alten Kastanienbäumen. Auf den Bänken lässt sich herrlich verweilen, auf der sandigen Platzmitte treffen sich alte Männer zum Boule-Spiel. Und es gibt einige sehr einladende Cafés und Restaurants rund um diesen einst königlichen Platz, den ich sehr mag. Er grenzt direkt an den Pont-Neuf, die neue Brücke, die trotz des irreführenden Namens die älteste Brücke der Stadt ist. Sie verbindet beide Uferseiten mit der Île de la Cité, die aufsehenerregenden Bögen prägen das Stadtbild bis heute. Auf der rechten Uferseite überragt das Kaufhaus La Samaritaine die Brücke, mit dem emblematischen Schriftzug auf der Fassade. Seit 1869 war es eines der größten Kaufhäuser der Stadt, bis es 2005 aus Gründen des Brandschutzes geschlossen wurde. Es dauerte fast zwei Jahrzehnte bis zur Wiedereröffnung, all die Jahre war dieses Haus in bester Lage verwaist. Doch im Jahr 2021 eröffnete der Luxuskonzern LVHM (zu dem Louis Vuitton, Hermès und andere gehören) das Kaufhaus neu – nun kann die Dachterrasse mit einem wunderbaren Blick über die Stadtinsel wieder besucht werden – und es gibt auch ein exklusives Luxushotel, das Cheval Blanc. Von hier aus erscheint der Pont-Neuf zum Greifen nah. In der Brücke führt zudem eine Treppe nach unten zum Fluss, hier legen die Boote der Les Vedettes du Pont-Neuf zu ihren einstündigen Rundfahrten über den Fluss ab.

Und hier ist auch einer meiner Lieblingsorte in der Stadt: Die Spitze der Insel, nur etwa einen Meter über der Wasserkante, eine wirkliche Spitze aus alten Steinen, und genau auf dieser Spitze steht eine Trauerweide, die Schatten spendet.

Sich hier niederzulassen und den Fluss um einen herumfließen zu sehen, das ist ein unvergesslicher Moment – der perfekte Ort fürs erste Date.

Zurück zur Kathedrale Notre-Dame: Zur Linken der Kirche liegt ein schöner Park, der einen herrlichen Blick auf die Rückseite der Kathedrale freigibt. Und dann sind es nur noch ganz wenige Meter bis zur nächsten Insel, der kleineren der beiden Stadtinseln nämlich, der Île Saint-Louis. Lange Zeit wurde sie als Weidefläche für Kühe genutzt, bis die Île de la Cité nebenan aus allen Nähten platzte. Dann endlich ließ die Kirche auch eine Bebauung der zweiten Insel zu.

Ich mag die kleinen Gassen dieser Insel, weil alles hier sehr ruhig und ursprünglich ist. Es fahren auch kaum Autos, kein Wunder, die Insel ist eine halbe Sackgasse. Außerdem ist jeder, der hier wohnt, ausgesprochen wohlhabend, weil die Häuser alle altehrwürdig und seit Generationen in Familienbesitz sind.

Besonders zu einem Laden strömen aber die Touristen: zur Eisdiele von Berthillon, der als einer der besten Eismacher der Welt gilt. Klar, mittlerweile hat sich die Eisindustrie in Europa ganz klar »hipsterisiert«, mit völlig verrückten Sorten und Kreationen. Berthillon aber setzt immer noch auf natürliche Produkte und seine jahrzehntelang erprobten Klassiker, die besonders bei den Touristen sehr gut ankommen. Davon zeugt die lange Schlange, die sich jeden Tag über die Spitze der Île Saint-Louis zieht.

So, nun aber tatsächlich hinüber auf die Rive Droite, die rechte Flussseite. Und dann sind wir schon im Herzen der französischen Hauptstadt. Genauer gesagt auf dem pulsierenden Platz vor dem Hôtel de Ville. In dem es tatsächlich immer wieder mal passiert, dass Touristen am Empfang fragen, ob sie hier ein Zimmer buchen könnten. Aber das Wort *hôtel de ville* steht in größeren Städten natürlich für das Rathaus, das in Dörfern zumeist *mairie* heißt.

Obwohl es in diesem hochherrschaftlichen Neorenaissance-Gebäude am Fluss mit all seinen Türmen und Türmchen sicher viele Zimmer gibt. Elitär ging es hier zu, besonders zu jener Zeit, in der der spätere Präsident Jacques Chirac Bürgermeister von Paris war – und wie ein städtischer Sonnenkönig Hof hielt. Das war seinem Nachfolger Bertrand Delanoë alles viel zu elitär. Also ließ er ausgerechnet in Chiracs früheren Gemächern eine Kita einrichten. Babybrei statt Champagner also – die Kindertagesstätte für die Angestellten der Stadt hat bis heute ihren Platz im Rathaus.

Marais: vom Sumpfgebiet zum In-Viertel

Von hier geht es weiter gen Osten – wir tauchen ein in eines der beliebtesten Quartiere der Stadt, besonders bei jungen Leuten: das Marais. Übersetzt bedeutet dieser Begriff »Sumpf«, und das war es auch bis zu seiner Trockenlegung im 13. Jahrhundert. Am Wochenende herrscht in den engen Gassen ein Gedränge und Geschiebe, die Straßencafés, deren Terrassen überall auf die Gehsteige ragen, sind proppenvoll, und die Stimmung ist fröhlich und ausgelassen. Natürlich gibt es gerade hier viele Touristenfallen, deshalb sollten Sie besonders hübsche Läden wie das La Favorite an der Métrostation Saint-Paul eher meiden, weil sie die instagramaffine Fassade mitbezahlen und die Qualität eher unterirdisch ist.

Dann lieber hinein ins jüdische Viertel, das sich rund um die Rue des Rosiers erstreckt, eine der beiden wichtigsten Achsen des Marais. Die Straße, die nach den Rosenbüschen benannt ist, die hier früher einmal standen, die der Flaneur heute aber vergeblich sucht, ist der Kern jüdischen Lebens in Paris. Davon zeugen die vielen Restaurants und Delikatessenläden mit koscherem Essen, die hebräischen Schriftzeichen in den Schaufenstern und die miteinander konkurrierenden Imbissläden, die Falafel und anderes israelisches Fast Food anbieten, manche ganz gutes, manche sogar fantastisches.

Auch sonst steht die israelische Küche in der Hauptstadt hoch im Kurs: Assaf Granit war der erste Israeli, der sich in Frankreich mit seiner Heimatküche einen Stern erkochte – in seinem Restaurant Shabour im 2. Arrondissement. Granit, ein stattlicher Mann mit grauem Bart, setzt nicht wie viele andere berühmte Köche seines Landes auf die Hipsterküche von Tel Aviv, sondern zieht alle Register der traditionellen Jerusalemer Küche seiner Ahnen, eine Vielvölkerküche, die nicht nur von jüdischen Traditionen geprägt ist, sondern auch von Gerichten aus dem Jemen, aus Arabien und der ganzen Levante. So kürte »Le Figaro« das Shabour einst sogar zum besten Restaurant der Stadt.

Zurück ins jüdische Viertel: Die andere große Achse ist die Rue des Francs Bourgeois, eine der schönsten Straßen der Stadt. Hier finden sich hippe Modeboutiquen Tür an Tür mit großen Labels – und dazu monumentale Bürgerhäuser, die unter ihrem Dach einige der spannendsten Museen der Stadt beherbergen (s. S. 125). Besonders schön ist der öffentliche Garten des Musée Carnavalet, der sich wie eine kleine Oase hinter den imposanten Sandsteinmauern anfühlt.

Hôtel de Ville: seit 2014 Amtssitz von Anne Hidalgo, der Bürgermeisterin von Paris

Grünes Kleinod an der Place des Vosges, mit Brunnen, Spielplatz und Liegewiese

Ein königlicher Platz

Wenn das jüdische Viertel endet, verbreitern sich die Straßen wieder – bis sich der Blick weitet: auf die phänomenale Place des Vosges. Was ist das nur für ein Ensemble: Der Platz in alter französischer Klassik, streng rechteckig und wirklich einmal rund herum mit den dreistöckigen Bürgerhäusern aus rotem Backstein bebaut, obenauf sitzen gewaltige Schindeldächer mit Dachfenstern, hinter denen früher die Zimmer der Dienstmädchen lagen.

Die Erdgeschosse sind etwas zurückgesetzt, sodass herrliche Arkaden sich einmal um den ganzen Platz ziehen, unter deren Bögen sich lauschige Cafés und Restaurants verbergen.

Mehr als 400 Jahre gibt es diesen Platz nun schon, er war der älteste königliche Platz der Stadt: Der Schriftsteller Victor Hugo hat hier gewohnt, auf Hausnummer 6, genau wie Kardinal Richelieu und auch der Politiker Dominique Strauss-Kahn, dessen Karriere durch einen brisanten Skandal ein plötzliches Ende genommen hatte.

In der Mitte des Platzes lädt der wunderschöne Park zur Rast ein. Hier aalen sich die Pariser in der Sonne, sobald die ersten Strahlen herauskommen, umrahmt von diesem architektonischen Kleinod.

Wo die Französische Revolution begann …

Von der Place des Vosges sind es nur noch wenige hundert Meter, bis der Spaziergänger die Place de la Bastille erreicht – und damit beginnt ein anderes, ein wilderes Paris: Bereits hier umtost der Verkehr die Julisäule, ein hektisches Verkehrswirrwarr aus unzähligen Straßen. Hier nahm 1789 die Französische Revolution ihren Anfang. Ihren Höhepunkt fand sie in der Erstürmung der Bastille, dem berüchtigten Staatsgefängnis, das als Symbol für das *Ancien Regime* gesehen wurde. Schon in den Tagen nach der Erstürmung wurde mit der Zerstörung der Stadtburg begonnen, von der heute fast nichts mehr übrig ist, einzig in der Métrostation sind noch Überreste der Steine des Baus ausgestellt.

Genau am Platz liegt das moderne Opernhaus von Paris, die 1989 eröffnete Opéra Bastille. Es ist wieder eines dieser großen Projekte, die sich Präsidenten als Lebenswerk bauen ließen, in diesem Fall war es François Mitterrand. Ein riesiges Opernhaus mit exzellenter Akustik. Im großen Saal finden 2703 Gäste Platz, und es gibt die Möglichkeit, neun verschiedene Bühnen mit kompletter Dekoration in dem modernen Bau auszuwechseln, weil die Bühnentechnik so grandios und ausgefeilt ist.

HÄTTEN SIE'S GEWUSST

Rue Crémieux

Zwischen Bastille und Seine liegt eine Straße, die vor allem bei einer Klientel einen hohen Bekanntheitsgrad hat: bei den Influencern. Denn die vielen bunten und gedrungenen Häuser lassen an Notting Hill denken – nur eben nicht in London, sondern an der Seine. Seit die Straße zum ersten Mal bei Instagram auftauchte, kamen Tausende Fotografen – zum Ärger der Anwohner, die vergeblich die Straße sperren wollten. Sie ist aber auch zu pittoresk. Doch es gibt mehrere dieser kleinen Gassen, in denen man sich wie auf dem Dorf fühlt: beispielsweise der Cour Saint-Pierre nahe der Place de Clichy und die Passage Lhomme im 11. Arrondissement.

Junge Ausgehmeile

Rund um die Bastille befindet sich eine der großen Ausgehmeilen von Paris, speziell um die Rue de la Roquette und die Rue de Lappe: Ein junges Publikum bevölkert die vielen Bars und Kneipen. In den letzten Jahren gab es auch in Paris einen Trend zur sogenannten Berlinisierung, weil mittlerweile so viele Pariser wegen der günstigeren Preise nach Berlin gezogen, dann aber nach Jahren wegen des schlechten Essens wieder zurückgekommen sind. Ihre Erfahrungen brachten sie mit. So eröffnete z. B. die Berliner Wunderbar in der Rue de Lappe, in der es deutsche Biere und Currywurst gibt, natürlich zu Pariser Preisen. Viermal im Jahr legen hier angesagte Berliner DJs auf. Diese Kneipen sind natürlich ein Treffpunkt für deutsche Expats in Paris. Wir haben zum Beispiel alle WM-Spiele der Deutschen im Café Titon gesehen, einem – deutschen – Treffpunkt mit Schnitzel, Maultaschen & Co. Bestimmt mutet es seltsam an, sich ausgerechnet in der Fremde nach Hause zu sehnen, aber wahrscheinlich geht das allen so, die schon einmal im Ausland gelebt haben. Eine große Kette Berliner Lebenskultur ist das KIEZ, das am Canal Saint-Martin und in Montmartre zwei Biergärten nach deutschem Vorbild betreibt – die Pariser lieben sie.

»Freiheit ist ein unzerstörbares Denkmal«

Aber natürlich gibt es hier auch unzählige französische Bars und britische Pubs, angesagte Restaurants und Clubs sowie Konzertsäle, von denen das bekannteste sicher leider das Bataclan geworden ist – durch die verheerenden Anschläge des November 2015. Doch der Club folgte dem Pariser Motto – und ging eben nicht unter, sondern bietet bis heute stolz und trotzig Freude und gute Musik für die Freunde des Pariser Nachtlebens.

Das Viertel zwischen Bastille und République ist sicher seit 15 Jahren das angesagteste Quartier von Paris, mit Clubs wie dem Java, dem Alimentation Générale und dem Pacha. Die Place de la République selbst ist heute mit der Statue der »Marianne«, einem Symbol der französischen Nation, einer der bedeutendsten Plätze der Stadt, nicht nur als Verkehrsknotenpunkt.

Welche Demonstration und welcher Streik auch immer in der Stadt stattfinden, zumeist nehmen sie hier ihren Anfang.

Wahrhaft pittoresk ist die République vielleicht auch gerade deshalb nicht wirklich, es ist meistens ein zugiger und unwirtlicher Ort.

> **NICHT VERPASSEN**
>
> **Schiffsfahrt im Dunkel**
>
> Köpfe einziehen heißt es auf der besonderen Bootstour, die durch den unterirdischen Teil des Canal Saint-Martin führt. Stadtbauer Haussmann wollte Boulevards bauen, deshalb musste der Kanal verschwinden, eine Meisterleistung seiner Ingenieure. Über dem Tunnel findet nun Donnerstag und Sonntag der Marché Bastille am Boulevard Richard-Lenoir statt. Anderthalb Kilometer ist der Tunnel lang, ein dunkles Gewölbe, in das immer wieder durch kleine Löcher magisches Licht einfällt. Die Fahrt geht durchs ehemalige Arbeiterviertel des 10. Arrondissements und endet hinter der Bastille am Port d'Arsenale.
>
> **Paris Canal**
>
> - 8, quai Anatole France
>   75007 Paris
>   www.pariscanal.com

Romantik in Reinform

Wirklich schön hingegen ist natürlich der nahe Canal Saint-Martin. Nicht erst seit dem bezaubernden Kinofilm »Die fabelhafte Welt der Amélie« ist dieser Ort ein Treffpunkt für Paris-Liebhaber und Romantiker aus aller Welt. Die bunten Häuser am Quai de Valmy sind aber auch ein Hingucker. Dazu die dunkelgrün gestrichenen Brücken, die den Kanal überspannen, die niedrigen Randsteine, auf denen im Sommer junge Leute sitzen und Weißwein aus Plastikbechern trinken. Früher war das Quartier um den Canal Saint-Martin ein hartes Pflaster, Wohnort einfacher Arbeiter und Tagelöhner, die Luft war so schmutzig wie die Hausfassaden. Ein tolles Buch über diese Zeit und ein echtes Zeugnis vergangener Tage der Zwanzigerjahre des letzten Jahrhunderts ist »Hotel du Nord« von Eugène Dabit. Darin beschreibt der Autor die Verhältnisse in einem dieser Wohnhotels, in dem die Arbeiter ihr Dasein fristeten, mit den Zimmermädchen Abenteuer begannen und an der stets offenen Bar zu viel tranken. Die Lektüre ist keine einfache Kost, aber durchaus auch anrührend.

Im namensgebenden Gebäude, dem Hôtel du Nord am Quai des Jemmapes, befindet sich heute zwar kein Hotel mehr, dafür ein sehr schönes und beliebtes Restaurant gleichen Namens.

Multikulti und ein berühmter Friedhof

Nahebei beginnt das Viertel Belleville, ein hügeliger Kiez, der früher ein eigenes Dorf war, das über die Jahre der Stadt angeschlossen wurde. Édith Piaf erblickte hier im Dezember 1915 das Licht der Welt. Belleville ist ein echter Multikulti-Stadtteil: Mit einer riesigen afrikanischen Community, die mit ihrem Markt auf dem Boulevard de Belleville (Di und Fr) ein wahres Feuerwerk aus Aromen und Farben entfesselt. Zudem leben hier viele Asiaten, Chinesen, Vietnamesen, Thai. Und natürlich die Nordafrikaner aus den ehemaligen Kolonien Frankreichs. Zu ihnen gesellten sich wegen der damals noch günstigen Mieten viele Künstler, sodass Belleville lange Jahre ein wichtiger Schmelztiegel für die Stadtkultur war – bis auch hier die Keule der Gentrifizierung durchrauschte und es mittlerweile so teuer ist wie im Marais.

Dennoch ist ein Spaziergang durch Belleville unverzichtbar, auch wegen dreier besonderer Orte. Da ist einmal der berühmteste Friedhof Europas: der Cimetière Père Lachaise. Auf 44 Hektar befinden sich hier fast 70 000 Gräber – damit ist er der größte der Stadt. Die Wege sind breit und symmetrisch, es gibt kleine Gräber und riesige begehbare Grabhäuser, prächtige Anlagen aus Marmor und Granit mit verwitterten Inschriften. Doch Père Lachaise ist viel mehr, nämlich ein wunderschöner Park, eine Oase der Ruhe in dieser Stadt und auch eine Pilgerstätte für die Fans der Künstler, die hier ihre letzte Ruhe fanden: Vor dem Grab von Jim Morrison, dem Leadsänger der Band The Doors, spielen sie oft Gitarre, legen Blumen an den Gräbern von Édith Piaf und Oscar Wilde nieder.

Etwas nördlich des Friedhofs liegt der Parc des Buttes-Chaumont. Auf einem alten Steinbruch am Rande der einstigen Müllkippe von Paris ließen die Stadtoberen diesen wunderschönen Park anlegen, mit einem Felsenaufgang auf einer Insel und einer Rotunde obenauf, von der man einen herrlichen Blick über die Stadt hat. Reizvoll ist auch der kleine See inmitten des Parks und die vielen Rasenflächen, die hier wegen der Berglage steil abfallen und so bei Sonnenschein von Zehntausenden Menschen als perfekte Liegefläche für die Stadtbräunung auserkoren werden. Im Park befindet sich auch eine angesagte Bar, das nach der französischen Tiermalerin benannte Rosa Bonheur, das auch noch einen Schiffsableger in der Innenstadt hat: Rosa Bonheur sur Seine.

Ein Geheimtipp ganz in der Nähe ist eine weitere *Butte*, ein Hügel also, ein echt dörflicher Hügel sogar, nämlich die Butte Bergeyre. Hier mutet Paris noch wie ein altes Dorf an, mit den gedrungenen Häusern und dem vielen Grün. Hinreißend aber ist der abendliche Blick auf die Stadt, weil sich von hier sowohl Sacré-Cœur als auch der Eiffelturm im Blickfeld befinden.

Im Zentrum der Macht

Kehren wir wieder zurück in die Innenstadt. Und durchstreifen die Rive Droite nun gen Westen. Treffen wir uns dazu doch am Epizentrum französischer Macht: dem Élysée-Palast in der Rue Faubourg Saint-Honoré: Die schwerbewaffneten Polizisten lassen die Passanten nur sehr kurz stehenbleiben, für ein schnelles Foto in den Innenhof. Hier, in diesem Rondell, finden immer die Fototermine statt, wenn Präsident Emmanuel Macron Staatsgäste empfängt. Dann steigt der Gast aus dem Auto, kurzes Händeschütteln, ein Fotogruß auf der Treppe – und ab zum Gespräch in den Palast. Wie oft war ich hier als Korrespondent, bei Wind und Wetter, und dennoch ist es immer etwas Besonderes, weil hier die Unterschiede zwischen deutscher und französischer Politik richtig deutlich werden: In Berlin die kühle und moderne Zweckmäßigkeit des Kanzleramts, Sichtbeton und unbequeme Stühle, die völlige Ablehnung irgendwelchen Pomps. Und hier, in Paris, echtes Zeremoniell: Kronleuchter, Blattgold, dicke Teppiche, obwohl die Stühle bei Pressekonferenzen auch hier unbequem sind. Beeindruckend ist der Élysée-Palast allemal. Allein wie riesig der Park ist, der nur dem Präsidenten und seiner Entourage zur Verfügung steht – schon dafür lohnt es sich, Wahlkampf zu machen.

Père Lachaise: ein berühmter Friedhof

Hinaus aus dem Élysée-Palast wieder auf die Rue de Faubourg Saint-Honoré. Sie ist sicher die nobelste Einkaufsstraße der Stadt, hier finden sich alle großen Labels mit ihren Boutiquen. Preislich gibt es hier weder für Handtaschen noch für Schuhe Grenzen nach oben.

In einer kleinen Seitenstraße des Marché Saint-Honoré, der heute leider kein Markt mehr ist, sondern eine Ansammlung gläserner Bürogebäude, befindet sich noch ein Kleinod: das Le Rubis. Ein echtes Markt-Bistrot wie in vergangenen Tagen, davon zeugen nicht nur die Weinfässer vor der Tür, an der sich die Raucher sommers und winters an ihren Glimmstengeln festhalten, kleine Weingläser in den Händen.

Drinnen, am alten Zinktresen, stehen die alten Männer aus dem Viertel und trinken die frischen Weiß- und Rotweine, die auf alten Tafeln an der Wand angeschrieben sind. Genau wie das Menü – eine Ansammlung von deftigen französischen Klassikern, die an den winzigen Holztischen serviert werden: Brettchen mit Schinken, Käse und Würsten, Schweinefleisch mit Linsen, Steak mit Zwiebeln, Hering mit Kartoffeln. Diese Bar wirkt so aus der Zeit gefallen, dass es einen nicht verwunderte, würde Commissaire Maigret den Laden betreten.

Auf dem Weg in die Tuilerien

Von hier ist es gar nicht weit, nur einmal über die Rue de Rivoli, um in den bezaubernden Jardin des Tuileries zu kommen. Doch bevor wir die Straße überqueren, müssen wir über die Rue de Rivoli sprechen – genauer gesagt darüber, wie viel besser diese Straße sich jetzt überqueren lässt. Früher war die Rivoli nicht nur die Haupteinkaufsstraße östlich des Louvre, sondern auch eine umtoste Verkehrsachse, auf der die Wagen auf vier Spuren dahinrasten, die Roller ihre Haken schlugen, die Busse klingelten und die Polizeisirenen tönten. Wer hier Fahrrad fahren wollte, lebte gefährlich, besonders wenn es Touristen und unerfahrene Pariser auf den Leihrädern des Vélib'-Systems versuchten. Als ich 2008 nach Paris zog, war das System gerade eröffnet worden und zählte schon am Jahresende vier Tote. Auch, weil weder Busfahrer noch Autofahrer Rücksicht auf die Radler nahmen, allzu ungewohnt waren die im Stadtbild – und die Radler wiederum hatten null Erfahrung mit dem Stadtverkehr und fuhren eher, als seien sie alle schlichtweg lebensmüde. Heute ist Paris eine Fahrradstadt (s. S. 34) – weil die sozialistische

Bürgermeisterin Anne Hidalgo sich einfach entschied, dass nur so Smog und Luftverschmutzung verschwinden können. Mittlerweile sind viele Pariser umgestiegen, fahren E-Bikes und Mountainbikes, Rennräder, Lastenfahrräder, sogar Kinder radeln schon mit Helm mitten auf der Rue de Rivoli – vor wenigen Jahren noch undenkbar.

Und nun also hinein in den Park, der vom Louvre in einer verlängerten Achse bis zur Place de la Concorde führt. Auch, weil das früher mein Arbeitsweg war, ist es für mich immer noch einer der schönsten Orte für eine Pause. In den grünen Metallstühlen, die hier um die Brunnen herumstehen. Es gibt zwei Arten davon: jene eher unbequemen mit der geraden Lehne und jene sehr bequemen, die ein Stück zurückgeneigt sind wie Liegestühle. Es gilt stets, einen von Letzteren zu erwischen, aber das ist eigentlich kein Problem, weil die Fluktuation hier enorm ist.

Ich sitze manchmal stundenlang in den Tuilerien, beobachte die Möwen auf den Skulpturen und sehe den Touristen, Einheimischen und den Kindern zu, die sich die Boote auf dem Hauptteich zuschieben. Herrlich lässt es sich auch in einem der Cafés im Park sitzen und Zeitung lesen, besonders, wenn es heiß ist, weil die alten Bäume dann kühlen Schatten spenden.

Weithin sichtbar: der Obelisk von Luxor

Verkehrsknotenpunkt Place de la Concorde

Hinterm Musée de l'Orangerie beginnt sie dann schon, die Place de la Concorde, jener Verkehrsknotenpunkt, auf dem Frankreich-Korrespondent Ulrich Wickert 1984 sein Experiment wagte, das ihn in Deutschland noch berühmter machte: Todesmutig überquerte er die zehn Spuren, ohne auf die Autos zu achten, dabei kommentierte er seine Aktion, alle Autos bremsten, gottlob, und hinterher gab Wickert zu: Richtig wohl war ihm nicht dabei. Doch scheint das auch früher schon so gewesen zu sein, denn in ihren »Persönlichen Erinnerungen« (1940) schreibt die seit 1903 in Paris lebende Schriftstellerin Gertrude Stein: »Wenn jemand zurückzuckt oder zusammenzuckt in den Straßen von Paris, kann man sicher sein, dass es ein Ausländer ist und kein Franzose.«

Die Place de la Concorde ist der größte Platz der Stadt und hieß früher Place Royale, war also einer der königlichen Plätze. Der große Obelisk in der Mitte ist tatsächlich ein ägyptischer, er ist nämlich ein Geschenk von Pascha Muhammad Ali an die Franzosen im Jahr 1836. Eigentlich sollten sogar zwei Obelisken aus dem Tempel von Luxor nach Paris kommen, aber die Logistik war so schwierig, sodass am Ende nur einer Europa erreichte. 1600 Hieroglyphen schmücken den Obelisken, die von den ruhmreichen Taten Ramses II. erzählen. Der Obelisk stammt aus dem 13. Jahrhundert v. Chr.

Am 14. Juli ist die Place de la Concorde der Ort für die Feierlichkeiten zum Nationalfeiertag, hier stehen die Ehrentribünen und hier lässt sich auch am besten verfolgen, wie die Jagdflugzeuge der Armee die Trikolore in den Himmel schreiben, im Tiefflug, genau über die Champs-Élysées donnern sie dann, beschreiben die Achse vom Triumphbogen bis hierher zur Concorde – ein einmaliges Schauspiel, allerdings ist die Stadt dann so verstopft, dass man es kaum bis zur Place de la Concorde schafft, auch weil die Sicherheitsvorkehrungen so gewaltig sind.

Die glorreichen Felder

Und dann: die Champs-Élysées. Ohne Frage die berühmteste Prachtmeile der Welt. Und endlich ist sie es auch wieder. Es gab nämlich wirklich schlimme Jahre. Irgendwann nach 2000 verkam die Avenue. Renommierte Läden zogen ab, es war schmuddelig hier, viel zu viel Verkehr, zu viele Schmuddelrestaurants und Fast-Food-Ketten, eine aufgeheizte Stimmung, manches Mal konnte man am Abend auch in eine Schlägerei geraten. Doch die Champs haben sich herausgeputzt, seit Corona hat sich hier einiges getan. Mittlerweile lässt es sich wieder hervorragend flanieren. Beginnend unweit der Concorde, wo es in der Adventszeit einen hübschen Weihnachtsmarkt nach deutschem Vorbild gibt, mit Buden mit Geschenken und Leckereien, nur den Glühwein muss man unbedingt vermeiden, dafür haben die Franzosen kein Händchen, er ist so süß, dass es den Kopfschmerz direkt all inclusive dazu gibt.

Gegenüber liegt der Jardin des Champs-Élysées. Nachts tanzen hier oft Menschen im Stillen, was bizarr und anmutig zugleich aussieht. Links kommen dann das Grand Palais und vis-à-vis das Petit Palais in den Blick. Letzteres hat einen sehr schönen Garten.

NICHT VERPASSEN

Mach es wie die Sonnenuhr ...

... zähl die heiteren Stunden nur. Heitere Stunden gibt es in Paris besonders viele. Und dazu die größte Sonnenuhr der Welt. Der Zeiger ist dabei spektakulär: Es ist der Obelisk auf der Place de la Concorde. Jenes Platzes, den Ulrich Wickert als Fernsehkorrespondent einmal für die Kamera überquerte, ohne auf den Verkehr zu achten – er überstand es unverletzt und wurde damit zur Legende. Auf den Boden des Platzes rund um den Obelisken sind Zahlen aufgebracht, die nur wenige Leute bemerken. Und der Obelisk selbst zeigt mit seinem Schatten die Zeit an.

Obelisk von Luxor

- Place de la Concorde

Konsum und Luxus

Und dann, hinter der Métrostation Franklin D. Roosevelt, erstrecken sich die eigentlichen Champs. Links beginnt hier auch die Avenue Montaigne, auf der alle Luxuslabels ihre Läden haben, neben der Rue du Faubourg Saint-Honoré ist sie sicher die umsatzstärkste Straße der Stadt.

Doch auch auf den Champs lässt es sich natürlich einkaufen, doch die Prachtmeile ist noch viel mehr. Hier herrscht der Faktor des Sehens und Gesehenwerdens, aber es war auch immer eine Meile fürs Volk, für Wohlhabende, für Vergnügungssüchtige, für Hungrige, aber auch für Kulturliebhaber. Deshalb gibt es hier sehr viele große Kinos dicht an dicht, und viele Premieren finden hier statt. Ohnehin bleibt Paris die Kinohauptstadt der Welt – und das Cinéma ist eines der Lieblingshobbys der Franzosen – dafür sorgen auch die Eintrittspreise, die etwa durch ein Abomodell deutlich günstiger sind als in Deutschland.

Auf den Champs zu flanieren gehört natürlich mit zum Paris-Besuch. Und den Kopf zu schütteln über jene, die in einer langen Schlange vorm Louis-Vuitton-Store warten. Allerdings ist die bedeutendste Boutique des Designers auch wirklich sehenswert, weil hier neben Mode immer auch Kunst ausgestellt wird.

Am Ende der Champs-Élysées liegt der Arc de Triomphe, der berühmte Triumphbogen mit dem Kreisverkehr Étoile, der jedem Paris-Fremden Angstschauer über den Rücken jagt, mir aber immer wohlige Schauer des Nervenkitzels bereitet hat. Weil hier nicht die Autos im Kreisverkehr die Vorfahrt haben, sondern jene, die aus einer der zwölf Einfallsstraßen in den Étoile einbiegen. Das würde in Deutschland niemals funktionieren, weil jeder einfach auf seinem Recht beharren würde.

In Paris aber klappt es, weil dann doch jeder bremst, kurz bevor es knallt.

Vorsicht und Rücksicht funktionieren hier, auch wenn es nicht so aussieht. Ich jedenfalls liebe es, um den Kreisverkehr zu fahren, am liebsten vier Runden nacheinander. Das passiert manchmal auch automatisch, weil man immer wieder seine Ausfahrt verpasst.

Triumphbogen, Oper und Kauftempel

Von hier ist es nicht weit nach Norden und zu den Grand Boulevards. Auf dem Weg dorthin liegt der Parc Monceau (s. S. 26), für mich einer der schönsten Parks der Stadt, mit seinen gepflegten Grünanlagen und den reichen Bürgerhäusern ringsherum. Von hier machen wir einen kleinen Abstecher in Richtung Gare Saint-Lazare, denn unweit davon liegt das zweite Opernhaus von Paris, die prächtige Opéra Garnier. Seit der Eröffnung der Opéra Bastille finden hier zumeist Ballettaufführungen statt. Allein die Ehrentreppe, das Foyer und die Wandelhalle mit all dem Gold, den Kronleuchtern und Deckengemälden (u. a. von Chagall) sind ein Blickfang. Die Oper ist auch der reale Schauplatz des *Phantoms der Oper*, das seinen Platz in Loge 5 hatte. Nicht weit von der Opéra entfernt liegt das für mich schönste Kaufhaus der Stadt: die Galeries Lafayette. Natürlich, die Gourmetabteilung hier ist fantastisch, am beeindruckendsten aber ist der Blick aus dem Hauptgebäude nach oben in die anmutig schimmernde Kuppel mit ihren Buntglasfenstern. So wird Shopping tatsächlich zu einem romantischen Erlebnis.

Rausch der Sinne: unter der Glaskuppel des Luxuskaufhauses Galeries Lafayette

Was?

Ein Bummel am rechten Seine-Ufer ist purer Genuss: unterwegs ein Eis schlecken, gepflegt shoppen, gut speisen und davor auf einen Apéro in eine angesagte Bar.

Wo und wann?

EINKEHREN

Glacier Berthillon

Eiskünstler am Werk. Eisdiele mit schöner Holztäfelung.

- 29–31, rue Saint Louis en l'île
  75004 Paris
  www.berthillon.fr
  Métro: Sully-Morland (Linie 7)

Le Rubis

Ein typisches Markt-Bistrot (seit 1948). Man isst einen Käseteller und trinkt ein Glas Wein.

- 10, rue du Marché Saint-Honoré
  75001 Paris
  Tgl. 7–22 Uhr
  Métro: Pyramides (Linien 7, 14)

Rosa Bonheur

Angesagte Bar mit Musik im Stil der alten *guingettes* im Parc des Buttes-Chaumont. Im Sommer kann man herrlich draußen sitzen.

- 2, avenue de la Cascade
  75019 Paris
  www.rosabonheur.fr/rosa-buttes
  Do–So 12–1 Uhr
  Métro: Botzaris (Linie 7)

Shabour

Kreativ und besonders. Dem *Guide Michelin* sind Assaf Granits Kochkünste (israelisch, mediterran) einen Stern wert!

- 19, rue Saint-Sauveur
  75002 Paris
  www.restaurantshabour.com
  Di–Sa 12–14 und 19–22.30 Uhr
  Métro: Réaumur-Sebastopol
  (Linien 3, 4)

SHOPPING

Grands Magasins als Kaufhäuser zu bezeichnen, grenzt beinahe an Frevel. Vielmehr sind sie legendäre Tempel des guten Geschmacks mit einem beispiellosen Sortiment an Utensilien des gehobenen Bedarfs. Kurzum: ein Rausch der Sinne.

Galeries Lafayette

Eines der ältesten Grand Magasins der Stadt. Nach getanem Shopping kann Sie oder Er sich auf der bildschönen Dachterrasse entspannen, den Blick über die Dächer der Seinestadt schweifen und sich mit Kaffee, Drinks oder einem erlesenen Imbiss verwöhnen lassen.

- 40, boulevard Haussmann
  75009 Paris
  www.groupegalerieslafayette.fr
  Mo–Sa 9.30–20.30, So 12–18 Uhr
  Métro: Chaussée d'Antin–
  La Fayette (Linien 7, 9)

La Samaritaine
Wunderschön renoviertes Luxuswarenhaus, nach 16 Jahren Auszeit endlich wiedereröffnet. Freitreppe über fünf Etagen, Art déco, Glasdach und ein gigantisches Pfauenfresko.
- 9, rue de la Monnaie
  75001 Paris
  www.dfs.com/fr/samaritaine
  Tgl. 10–20 Uhr
  Métro: Châtelet–Les Halles
  (Linien 1, 4, 7, 11, 14)

KUNST UND KULTUR

Cimetière du Père Lachaise
Auf diesem Friedhof ruhen viele Größen aus Kunst, Politik oder Wissenschaft, u. a. Balzac und Molière, aus neuerer Zeit Gilbert Bécaud, Maria Callas, Yves Montand, Jim Morrison und Édith Piaf.
- 16, rue du Repos
  75020 Paris
  www.pere-lachaise.com
  Sommer: Mo–Fr 8–18, Sa ab 8.30, So ab 9.30 Uhr
  Métro: Père Lachaise (Linie 2)

Hôtel de Ville (Rathaus)
Seit dem 14. Jh. Sitz der Stadtverwaltung. Das Gebäude wurde nach einem Brand 1871 im Stil der Neorenaissance neu aufgebaut.
- Place de l'Hotel de Ville
  75004 Paris
  www.paris.fr
  Métro: Châtelet–Les Halles
  (Linien 1, 4, 7, 11, 14)

Opera Bastille
Im zeitgenössischen Stil erbaut, bietet das 1989 eingeweihte Opernhaus 2700 Besuchern Platz.
- Place de la Bastille
  75012 Paris
  www.operadeparis.fr
  Métro: Bastille (Linien 1, 5, 8)

Sainte-Chapelle
Ein Schmuckstück der Hochgotik, errichtet für Ludwig IX. Schon wegen der einzigartigen Buntglasfenster lohnt sich der Besuch.
- 10, boulevard du Palais
  75001 Paris
  www.sainte-chapelle.fr
  Tgl. 9–17 Uhr
  Métro: Saint-Michel (Linie 4)

TIPP

Maison Ladurée
Wer kennt sie nicht, diese göttlichen, in Bonbonfarben glasierten Macarons, die auf der Zunge zergehen wie nichts. Auf den Champs-Élysées gibt es einen Ableger der berühmten Confiserie.
- 75, avenue des Champs-Élysées
  75008 Paris
  www.laduree.fr

Die Fontaine de Mars zählt zu den Stammlokalen von Commissaire Lacroix und mir.

4

C'est délicieux!

Chou farci, Cassoulet, Confit de canard, Crêpes & Crème brûlée

Heimat der größten Köche und der Haute Cuisine

Immer wenn ich von Deutschland mit dem Zug nach Paris fahre, komme ich am Gare de l'Est an. Von dort nehme ich die Linie 4 bis Odéon. Und dann führt mich der erste Weg zu einer Adresse, die mein Herz höher schlagen lässt: die Brasserie Lipp.

Oben, auf dem Boulevard Saint-Germain angekommen, atme ich dann zum ersten Mal wieder die echte Pariser Luft meines Quartiers Rive Gauche. Die Busse rasen klingelnd auf der Busspur vorbei, die Taxis und die Motorroller. Es herrscht rundherum Lärm, und dennoch fühlt es sich zugleich irgendwie lauschig und vertraut an. Die Bäume schlucken hier viel – und der Lärm und das brodelnde Leben gehören einfach zu dieser Gegend. Von der Métrostation sind es nur 300 Meter westwärts bis zu dem Restaurant, das stets mein erstes Ziel ist – oben leuchtet die Reklame des roten Bierkruges und die Aufschrift in kräftigen orangefarbenen Lettern auf der Markise: 151, boulevard Saint-Germain – hier befindet sich seit 1880 eine Pariser Institution, die Brasserie Lipp.

Eine kulinarische Institution

Im zugigen Vorraum kann man auch sitzen, hier geht aber ständig die Tür auf und zu, und die Wartenden stehen sich die Beine in den Bauch, also lieber hinein, dort, wo schon zwei krawattentragende Herren warten. »Ein Tisch? Na, aber natürlich, Monsieur.«

Und dann beginnt die Zeremonie. Ein Blick, der den Gast vermisst: Ist er Tourist? Pariser? Wie ist er angezogen? Sicher wissen die beiden Conférenciers sogar schon, was ich bestellen will. Dann führen sie mich durch den Raum und lassen mich auf einer der rot bespannten Sitzbänke Platz nehmen. In diesem herrlichen Art-déco-Raum mit den Wandgemälden und patinierten Spiegeln, es ist ein hinreißender Ort, und er ist so pariserisch, gleichzeitig mondän und rau, vornehm und lebendig, das Lipp ist magisch.

Freunde von elsässischer Kost fühlen sich in der Brasserie Lipp wie zu Hause.

Dazu die Kellner, sie alle sind Männer, weißes Hemd, schwarze Fliege, schwarze Weste – und sie tragen ihre Tabletts mit solcher Anmut, dass klar ist, wie lange sie schon hier arbeiten – hier – und nirgendwo anders – und der Gast versteht, warum dieser Beruf in Frankreich kein niederer Rang ist, sondern eine Auszeichnung.

Überall an den Wänden hängen Schilder von historischem Wert, darauf steht geschrieben, dass keine Schecks akzeptiert werden – was in Frankreich immer noch Seltenheitswert hat –, dass auf ordentliche Bekleidung Wert gelegt wird und – mein absoluter Favorit – dass Hunde weder auf die Lederbank gesetzt noch vom Tisch gefüttert werden dürfen. Das sind sicher Erfahrungswerte, aber ich bin denke: Bei prominenten Gästen würde auch das akzeptiert werden. Vielleicht aber auch nicht.

Die Franzosen mögen Regeln und Rituale und folgen ihnen sogar – solange sie nicht der Staat oder die Obrigkeit vorgibt.

Unter dem Konterfei des jungen Pablo Picasso, der wie Camus und Sartre Stammgast in der Brasserie Lipp war, studiere ich die Speisekarte.

Mienenspiel und Klangteppich

Dieses Eintauchen in Paris ist hier deshalb so *formidable*, weil diese Brasserie eine Theaterbühne ist – und jeden Tag von *déjeuner* bis *dîner* ein einzigartiges Stück aufgeführt wird: Da sitzen alte Paare, die sich wahrscheinlich schon seit 60 Jahren gemeinsam schick machen, um im Lipp zu speisen. Die merkwürdige Stille, die in Deutschland manchmal an Tischen herrscht, findet man hier auch bei langverheirateten Eheleuten nicht. Es gibt Familienfeste, bei denen es hoch hergeht, erste Dates mit sehr viel Bein und Stochern im Salat ebenso wie die feine Pariser Gesellschaft und die ganz schnelle Mittagspause der Büroangestellten. Es sind ein Mienenspiel und ein Klangteppich – einfach Paris pur. Champagner und Bier vom Fass inklusive.

Und das Essen – *c'est delicieux*: Schon zur Eröffnung vor über 140 Jahren waren die Gerichte der Renner, die auch heute noch allenthalben bestellt werden: *cervelat rémoulade*, eine Jagdwurst mit Remoulade also – und danach das Signaturgericht des Elsass: *choucroute garnie* – Sauerkraut mit allerlei Fleisch und Würsten – und es ist auch wirklich gut hier. Ich allerdings nehme immer den Hering mit lauwarmen Kartoffeln und Feldsalat – das klingt handfest, ist aber sehr fein, leicht säuerlich eingelegt, dazu wirklich aromenstarke Kartoffeln – eine Offenbarung. Danach gibt es je nach Jahreszeit die *jarret de porc*, die Schweinshaxe mit Linsen, eine Entenkeule oder das *tartare* – alles ist Brasserieküche vom Feinsten, auf weißen Decken serviert, die Teller tragen den Schriftzug der Brasserie – und das Essen ist erstklassig.

Geschmacksnoten à la française

Wer hier auf den engen Bänken nebeneinandersitzt, der versteht Frankreich im Kleinen. Einmal saß neben mir ein nettes Paar, knapp über 60 vielleicht, sie waren aus Bordeaux gekommen, für ein Wochenende in Paris. Sie waren keine reichen Leute, er arbeitete bei der Post, sie in der lokalen Kita, wir kamen ins Gespräch. Und doch nahmen sie nicht ein Döschen Kaviar als Vorspeise – sondern zwei – für 115 Euro pro Portion. Man ist schließlich nur einmal im Jahr in der Hauptstadt.

Spätestens da war mir klar: In Deutschland investieren wir unser Gehalt in Flachbildschirme und teures Auto-Öl – hier im Land der Genüsse eben in Kaviar – ich wusste stets, was mir lieber ist.

Keine Ahnung, woher die ganzen schlechten Bewertungen im Internet kommen, aber gut: Französische Küche, besonders jene der Brasserien ist schwer und nicht sehr modern. Und wer hier in kurzen Hosen oder, mit Kamera um den Hals kommt, der wird eben abgewiesen – oder – noch schlimmer, in den ersten Stock verfrachtet. Wo nur Touristen sitzen – und die Wände angeblich längst nicht so schön sind, vor allem sieht man nichts von dem Theaterstück, das unten aufgeführt wird. Ich war noch nie da oben, ich kann also nicht sagen, wie es da ist.

Es ist der perfekte Anfang eines Paris-Aufenthaltes. Besser als Hemingways Café de Flore gegenüber, bei dem es mehr ums Sehen und Gesehenwerden geht, besser auch als La Coupole, deren Einrichtung natürlich wunderschön ist, die Speisen aber sind mittlerweile wirklich auf Touristenfallen-Niveau. Und im Train Bleu, diesem umwerfenden Restaurant im Gare de Lyon, in dem *Mister Bean* so wahnsinnig komisch seine Meeresfrüchte in der Handtasche der Sitznachbarin verschwinden ließ, ist man beim Bezahlen versucht, den Kellner zu fragen, ob man nur das Essen gekauft hat oder gleich das ganze Restaurant.

Lange Schlangen können nicht irren

Die erste französische Geschmacksnote ist also gesetzt, doch Paris hat gottlob noch so viel mehr zu bieten. Und zwar für jede Vorliebe – und für jeden Geldbeutel. Fangen wir doch mal klein an, im Stehen sozusagen. Am besten steht es sich nämlich im Marais – auf der malerischen Rue des Rosiers. Wir befinden uns hier mitten im jüdischen Viertel, davon zeugen die vielen Kippas und Schläfenlocken, die dekorativen Fassaden der Geschäfte und die vielen koscheren Delikatessenläden und Restaurants. Die längste Schlange auf der Straße kann bekanntlich nicht täuschen – sie steht vorm L'As du Fallafel und seiner grünen Holztäfelung. Manche wollen hinein ins Restaurant, andere bestellen gleich am Fenster *à emporter*. So mache ich das auch. Denn das Falafel, das hier aufgetischt wird, schmeckt im Pita-Brot am besten, weil sich Saucen und Aromen da so unglaublich gut vermengen. Für knapp sieben Euro gibt es die Kichererbsenbällchen mit dem besten Hummus der Stadt und jeder Menge gebackener Auberginen – es schmeckt so gut, dass ich es seither nicht mehr vergessen kann – und in Berlin vergeblich suche.

So muss ein bretonischer Crêpe beschaffen sein: hauchdünn, goldgelb und fluffig.

Wer es lieber französisch mag, der zieht ein paar Straßen weiter und hinüber über die Rue du Renard in den Schatten des Centre Pompidou. Hier, genau am Strawinski-Brunnen der Niki de Saint Phalle, befindet sich eine der besten Crêperien der Stadt, die Crêperie Beaubourg. Auch die Lage ist ideal. Es gibt keinen Autolärm, Kinder können hier in Ruhe und gefahrlos spielen. Obendrein sind die Galettes aus Buchweizenteig hervorragend. Klar, es gibt sie im ganzen Land in unzähligen Varianten, seit die Bretonen ihr traditionelles Gericht zum Exportschlager gemacht haben – heute kann man sie mit Lachs bestellen oder mit Ziegenkäse, mit Raclettekäse oder mit Curryhuhn. Ich mag sie am liebsten klassisch: *complète* nämlich, mit herrlich schmelzendem Käse, Schinken und einem Spiegelei, manchmal auch noch mit Pilzen. Selten schmecken die Crêpes so luftig und würzig zugleich wie hier. Dazu gibt es klassisch den Cidre aus dem *bol*, der bretonischen Tasse.

In Sachen Internationalität hat Paris natürlich viel zu bieten, besonders von jenen Einwanderergruppen, die zahlreich in der Stadt leben: Es gibt sensationelle libanesische Restaurants – besonders im 8. Arrondissement – und sehr spannende afrikanische Entdeckungen, östlich vom

Pink Mamma, ein hipper Italiener

Montmartre rund um die Viertel Barbès und Goutte d'Or. Noch vor zehn Jahren war die Qualität der italienischen Restaurants allgemein unterirdisch – Steinofenpizza oder Pasta al dente waren kaum zu finden – wahrscheinlich, weil die Franzosen den Italienern übelnehmen, dass sie es waren, die die Haute Cuisine erfunden haben (was die Franzosen stets bestreiten). Doch seit einigen Jahren gibt es auch hier tolle neue Läden, das Pink Mamma etwa im 9. Arrondissement oder das In Bocca al Lupo in Montmartre. Wirklich gewöhnungsbedürftig hingegen bleiben die vielen asiatischen *traieurs*, die in der ganzen Stadt verteilt sind. Wer frische Wokküche gewöhnt ist, wie es sie in Berlin stets in einer tollen Qualität gibt, der wird hier staunen: Die Gerichte werden vorgekocht und teils stundenlang in der Vitrine ausgestellt, die Frühlingsrollen kommen erst in eine Plastiktüte und dann in die Mikrowelle – es ist schon ein eigenartiges Verständnis von dieser eigentlich sehr frischen Küche.

Von Reinfällen und echten Perlen

Deshalb wenden wir uns doch wieder den Leckerbissen *à la française* zu. Um Reinfällen vorzubeugen, sollte man in Paris darauf achten, Touristenfallen zu erkennen. Das gelingt am besten, indem der Besucher nicht zu nah an großen Sehenswürdigkeiten einkehrt – und auch versucht, die vielen Terrassen-Cafés zu meiden – die Bistrotküche hier ist nicht verkehrt, aber es ist zumeist Massenware und beschränkt sich auf die Klassiker mit reichlich Pommes dazu. Für einen schnellen Salat oder ein Getränk ist es hier hingegen *toujours parfait*.

Doch die eigentlichen Perlen liegen ein wenig versteckt. Es sind jene Restaurants, die in den letzten Jahren zumeist von jungen Nachwuchsköchen eröffnet wurden – der Pandemie zum Trotz – oder gerade wegen der Pandemie: Denn als die Touristen wegen Corona nicht mehr kamen, hatten die Pariser ihre *restos* für sich – und kriegten selbst in den angesagtesten Läden einen Tisch. Aber natürlich mieden sie die Touristenfallen. Vielen von ihnen blieb in den langen Monaten des Lockdowns also nur die Schließung. Corona hat der Qualität also einen Schub gegeben.

Die jungen Wilden setzen auf die Stärken der französischen Küche: beste Produkte, ausgereifte Kochtechniken. Plus Nachhaltigkeit und verstärkter Einsatz von lokalem Gemüse. Ein herausragendes Restaurant dieser Couleur ist das Jeanne Aimée im 9. Arrondissement. Vom Gastraum blickt man auf die im Stil einer römischen Basilika erbaute Pfarrkirche Notre-Dame-de-Lorette, die Holztische gruppieren sich um die offene Küche. Das junge Team kocht darin unter anderem, was im eigenen Gemüsegarten in den Yvelines, südlich von Paris, wächst und gedeiht. Der Gast hat die Möglichkeit, sein Menü aus der Karte frei zu wählen, er könnte also theoretisch auch drei Vorspeisen nehmen oder drei Desserts. Ein spannendes Konzept. Das so feine Kombinationen auf den Tisch bringt wie confierten Kabeljau mit Kimchi-Konfitüre und Majoran, Tatar von Roter Bete mit Seespinnen-Eis oder Rinderbäckchen mit Selleriepüree.

Solche Entdeckungen lassen sich am besten durch Mundpropaganda machen, die Pariser erzählen gerne von ihrem neuen »Resto« im Quartier. Auch die Seite www.lefooding.com ist eine Fundgrube für erwähnenswerte Neueröffnungen in der Stadt.

Von Sternen veredelt

Und dann möchte ich Sie noch in die Sterneküche entführen. Nirgendwo sonst auf der Welt wird ein solches Aufheben gemacht um den »Guide Michelin« und seine Bewertungen wie hier in Paris. Dem Reich von Sterneköchen wie Joël Robuchon, Yannick Alléno, Alain Passard und Pierre Gagnaire. Aber beinahe noch größerer Wirbel wird um jene gemacht, die in die Fußstapfen der ganz Großen steigen wollen.

In Frankreich würde man nicht »Das perfekte Dinner« schauen, diese überaus erfolgreiche Kochshow, bei der sich Amateure gegenseitig nach Hause einladen, um dann einen durchgebratenen Zwiebelrostbraten zu servieren oder irgendein fancy asiatisches Gericht. Hier ist stattdessen während Corona eine andere Sendung zum Straßenfeger mutiert: »Top Chef«. Kein Wunder, alle Restaurants hatten geschlossen, und die gastronomiesüchtigen Franzosen mussten ihre Sehnsucht nach Bewirtung irgendwie stillen. Also blieb ihnen nur die Kochsendung auf dem Privatsender M6.

Die so ambitioniert ist, dass es eigentlich nur junge Leute schaffen, die schon in einer der großen Küchen des Landes kochen – weil es nicht nur um das perfekte Handwerk geht, äußerst anspruchsvolle Gerichte zu erfinden und zuzubereiten, es wird auch der Bau eines Restaurants mit einem bestimmten Budget simuliert und vieles andere mehr. Es ist mehr ein Business-Wettbewerb als Unterhaltung, und genau das macht die Sendung so spannend.

Wer hier gewinnt – oder besonders unterhaltsam ist und es bis in die Top 10 schafft –, bei dem klopfen entweder schon bald die Financiers an, um in sein Restaurant zu investieren – oder er eröffnet einfach selbst eines. Die Köche sind nach der Show Prominente, denen die Zuschauer die Bude einrennen.

Promis und Publikumslieblinge

Das ist manchmal verdient – und manchmal tatsächlich nur Show –, wie ich bei meinen Besuchen in den Restaurants der Pariser »Top Chef«-Teilnehmer feststellen durfte.

Bei Mory Sacko, einem der jüngsten Michelin-gekürten Köche, ist es ganz sicher verdient. Der junge Koch wurde in der 2019er-Staffel nur Sechster – aber er war der Publikumsliebling. Dem Sohn von Eltern aus dem Senegal und aus Mali flogen mit seinem strahlenden Lächeln und seiner afrikanisch inspirierten Küche die Herzen der Zuschauer zu, sodass er kurz nach der Sendung sein eigenes Restaurant MoSuke eröffnen konnte und noch im selben Jahr einen Stern bekam. Als ich ihn vor Kurzem besuchte, war das Restaurant wie immer ausgebucht, sogar Kinder waren mit im Gourmetrestaurant, und Mory Sacko machte mit jedem freundliche Selfies. Aber das Ganze ist keineswegs nur Show, auch das Essen ist ausgezeichnet. Afrika spielt in der Sterneküche bisher keine große Rolle – zu Unrecht, wie die in Bananenblättern gedämpfte Seezunge beweist. Und nicht nur die: Die Aromen sind dicht und einen Hauch pikant.

Wie Mory Sacko in seiner winzigen Küche mit nur einem weiteren Koch täglich 70 Gäste bewirtet, bleibt sein ganz persönliches Geheimnis.

Hervorragend ist auch das »Top Chef«-Restaurant des Belgiers Mallory Gabsi nahe dem Triumphbogen, das den Namen des Kochs trägt – dessen Aal in grüner Sauce davon zeugt, dass auch die flämische Küche spannende Aromen bereithält.

Doch es gibt auch Reinfälle: Wie das Liquide von »Top Chef«-Kandidat Jarvis Scott, der als wilder Rocker in der Staffel für Furore sorgte. Aber Show bedeutet eben nicht gleich Qualität – die Musik ist zu laut, die Aromen sind zu flach, und insgesamt wirkt der Laden im 1. Arrondissement seelenlos.

Das gilt aber nicht nur für Fernsehköche – sondern auch für andere einstmals hochdekorierte Restaurants. Die Ateliers von Joël Robuchon – einem der wenige »Köche des Jahrhunderts«, der zu seinen Lebzeiten insgesamt 30 Michelin-Sterne hielt – waren eine Neuentdeckung in den Neunzigern. Gastrokritiker Wolfram Siebeck lobte die moderne Gourmetküche damals über den grünen Klee, weil hier auf roten Barhockern auch Menschen den Köchen beim kreativen Werkeln zuschauen konnten, die sonst nicht in Sternerestaurants zu finden waren. Schnelle, urbane Kreationen für Otto Normalverbraucher – das war die Idee. Doch seit Robuchons Tod im Jahr 2018 vermissen seine Ateliers, so scheint mir, die ruhige und kontrollierte Hand des Meisters. Die Gerichte wirken eher banal wie in einem modernen Bistrot, es gibt handwerkliche Fehler, wie zu viel Salz – und immer, wenn etwas

Koch aus Leidenschaft: Mory Sacko

Das Chai ist ein weiterer kulinarischer Favorit meines Commissaire Lacroix.

schief ging, gab es als Entschuldigung eine Portion Kartoffelpüree – Robuchons sahnige Spezialität – leider haben am Ende des Abends alle Gäste Püree bekommen – da ist wohl viel schief gegangen.

Meine und Commissaire Lacroix' Favoriten

Zum Schluss möchte ich Ihnen noch meine beiden ganz persönlichen Empfehlungen für den perfekten Pariser Tag in Sachen Genuss ans Herz legen, es sind die Restaurants, die auch mein Pariser Commissaire Lacroix regelmäßig beehrt. Zum ersten Café des Tages und auch zum *déjeuner*, dem Mittagessen, geht Lacroix stets in das Chai in Saint-Germain, ein wunderbares Ecklokal auf der Rue de Buci. Der Saal ist klassisch pariserisch, und es gibt den herrlichen *zinq*, den alten Zinktresen, an dem die Männer des Viertels frühmorgens schon ihr Gläschen Wein trinken. Hier isst man hervorragend: Die überbackene Zwiebelsuppe ist eine der besten der Stadt, und gerade weil sie so lecker ist, wollte ich es nicht versäumen, den Leserinnen und Lesern dieses Buchs das Rezept (s. S. 86) zur Verfügung zu stellen. Nicht minder schmackhaft ist der *chou farci*, die mit Hackfleisch gefüllte Wirsingkohlroulade nach Art der Auvergne, die mit einer Karotten-Tomaten-Sauce und krossem Brot serviert wird.

Nach einem gelösten Fall besucht Lacroix mit seiner Frau stets die Fontaine de Mars. Diese liegt neben der Rumänischen Botschaft an einem kleinen Platz (im Sommer auf der Terrasse reservieren!) mit einem herrlichen Brunnen, der Eiffelturm blinkt ein paar hundert Meter die Straße runter. Es ist so gemütlich hier, die rotkarierten Tischdecken, die hölzernen Möbel, der Tresen, die freundlichen und souveränen Kellner. Die Fontaine de Mars ist die Kantine des Südwestens in Paris – Wirtin Christiane Boudon stammt aus Tarbes in der Nähe des Pilgerortes Lourdes und hat die Gerichte ihrer Heimat, der Aquitaine, mit in die Hauptstadt gebracht. Gekocht werden sie von einem Mann aus der Normandie, der genauso ausschaut, wie ein Maler einen Pariser Koch zeichnen würde: Pierre Saugrain ist groß und beleibt, hat einen grauen Bart und steht täglich mindestens zwölf Stunden in der Küche, weil er seine Arbeit so liebt, dass er jede Sauce selbst anrühren will.

Es ist das klassische Pariser Bistrot, von dem es nicht mehr so viele gibt. Und es war schon mein Stammrestaurant, bevor die Promis kamen. Robert de Niro hat die Einleitung fürs bistroteigene Kochbuch geschrieben, und als sogar Barack Obama kam, wurde die Fontaine zur Legende. Auch, weil der US-Präsident die Einladung von Präsident Sarkozy zum privaten Abendessen ablehnte, mit dem Hinweis, er wolle lieber mit seiner Frau in die Fontaine de Mars gehen – ohne Sarkozy. Da den hibbeligen Ex-Präsidenten in Frankreich niemand so recht leiden kann, mochten die Pariser ihre Fontaine hinterher noch lieber. Obama nahm übrigens das exzellente Rinderfilet. Herausragend sind auch die Entenkeule, der *confit de canard* – und *cassoulet*, der langgeschmorte Bohneneintopf mit sehr viel Fleisch und Würsten, den man im Sommer tunlichst meiden sollte – er ist einfach zu mächtig. Zum Nachtisch gibt es im Frühsommer stets die puren Walderdbeeren mit einem Klacks Sahne – ich habe nie wieder so aromatische Erdbeeren gegessen.

Also, *bon appétit* in Paris – wer in dieser Stadt nicht gut isst, der ist selber schuld. In meiner Zeit in Paris haben sich für mich drei Gerichte herauskristallisiert, die ich am meisten liebe und immer wieder auf den Terrassen der Stadt genieße: Zwiebelsuppe, Rindertatar und zum Dessert das himmlische *mille-feuille à la vanille*. Diese und andere Rezepte stammen von den Köchen der Restaurants Le Chai im 6. Arrondissement und Fontaine de Mars im 7. Arrondissement. Verewigt habe ich sie in meinem Kochbuch »Chez Luc«, das auf den kulinarischen Spuren meines Commissaire Verlain wandelt.

ZUM NACHKOCHEN:
Überbackene Zwiebelsuppe (Gratinée à l'oignon)

Die Zwiebelsuppe ist der Inbegriff französischer Küche. Sie köchelt lange vor sich hin, ist voller Duft, Wärme und Kräuter – und dann noch der Käse obenauf. Einmal gegessen, wird sie zur Nostalgie.

Zutaten für 4 Personen

6 große Zwiebeln
75 g Butter
400 ml Weißwein
1 Bouquet Garni (1 Zweig Thymian, 1 Lorbeerblatt, 3 Stängel Petersilie)
8 Scheiben Baguette
200 g Cantal-Käse, grob gerieben
Salz, Pfeffer

Zubereitung

1. Die Zwiebeln schälen (saubere Schalen beiseitelegen!), halbieren und in dünne Streifen schneiden. Die Butter in einer Pfanne zerlassen und die Zwiebeln darin ca. 15 Min. andünsten, dabei weich und braun werden lassen. Die Röstnoten vom Pfannenboden kratzen, den Wein dazu gießen und etwas einkochen lassen.
2. Anschließend den Zwiebelansatz mit den beiseitegelegten Zwiebelschalen und dem *bouquet garni* in einen Topf geben und so viel Wasser hinzufügen, dass die Zwiebeln gut bedeckt sind, salzen und pfeffern. Die Suppe zugedeckt bei kleiner Hitze ca. 1,5 Std. köcheln lassen, bis die Flüssigkeit etwa um ein Drittel eingekocht ist.
3. Kurz vor dem Servieren den Backofengrill vorheizen. Die Baguettescheiben unter dem Grill rösten oder toasten. Die Suppe auf ofenfeste Schalen oder tiefe Teller verteilen, je zwei Scheiben Baguette daraufsetzen und mit reichlich Käse bestreuen. Unter dem Backofengrill ca. 8 Min. goldbraun überbacken. Sehr heiß servieren.

Bon appetit!

Was?

Restos für jeden Anlass und für jedes Budget. Der orientalische Imbiss oder die Pizzeria für die schnelle Einkehr sind hier ebenso aufgeführt wie Gourmetrestaurants oder Sternenküche für den besonderen Anlass, altehrwürdige Brasserien, Bistrots oder Crêperien für Menschen mit (nicht nur) süßem Gaumen.

Wo und wann?

Brasserie Lipp

Eine Institution! Serviert werden traditionelle Klassiker, aber auch Spezialitäten aus dem Elsass und der Auvergne. Schon das Interieur mit den vielen prächtigen Spiegeln und Fliesen ist ein Hingucker!

- 151, boulevard Saint-Germain
  75006 Paris
  www.brasserielipp.fr
  Tgl. 9–0.45 Uhr
  Métro: Saint-Germain-des-Prés, Mabillon, Rue du Bac (Linien 4, 10, 12)

Crêperie Beaubourg

Galettes/Crêpes in allen Variationen und Geschmacksarten, dazu trinkt man bretonischen Cidre.

- 2, rue Brisemiche
  75004 Paris
  www.creperiebeaubourg.com
  Tgl. 11.30–23 Uhr
  Métro: Hôtel de Ville, Rambuteau (Linien 1, 11)

In Bocca al Lupo

Gute und preisgünstige Pizzeria. Alle Gerichte sind hausgemacht und kommen frisch auf den Tisch.

- 14, rue Francœur
  75018 Paris
  www.pizzeria-in-bocca-al-lupo.com
  Di–Sa 12–14.30 und 19.30–23, Sa, So bis 23.30 Uhr
  Métro: Lamarck-Caulaincourt (Linie 12)

La Fontaine de Mars

Pariser Bistrot mit Tradition und gehobener regionaler Küche vom Feinsten. Angenehme Atmosphäre, im Sommer sitzt man auf der hübschen Terrasse.

- 129, rue Saint-Dominique
  75007 Paris
  www.fontaine.de-mars-com
  Tgl. 12–15 und 19.30–23 Uhr
  Métro: École Militaire (Linie 8)

L’as du Fallafel

Einfach und schnell, gut und authentisch. Orientalische Klassiker wie Falafel, Lamm-Schawarma, Kebabs und üppige Sandwiches.

- 34, rue de Rosiers
  75004 Paris
  Métro: Saint-Paul (Linie 1)

Le Chai Saint-Germain

Restaurant, Pub, Bar – mit feinen Gerichten (auch spätabends) und familiärer Atmosphäre. Kein Wunder, dass sich Commissaire Lacroix hier wie daheim fühlt!

- 26, rue du Buci
  75006 Paris
  www.lechaisaintgermain.com
  Tgl. 8–20 Uhr
  Métro: Cluny–La Sorbonne (Linie 10)

Mallory Gabsi

Gourmetrestaurant, geführt vom gleichnamigen belgischen Sternekoch und »Jungchef des Jahres 2023«.

- 28, rue des Acacias
  75017 Paris
  www.mallory-gabsi.com
  Mo–Fr mittags ab 12.15 und abends ab 19.30 Uhr
  Métro: Argentine (Linie 1)

MoSuke

Küchenreich voller Finessen! In seinem Restaurant kredenzt der Sternekoch Mory Sacko Gerichte mit japanischem und afrikanischem Einfluss.

- 11, rue Raymond Losserand
  75014 Paris
  www.mosuke-restaurant.com
  Di–Sa 12–22 Uhr
  Métro: Gaîté (Linie 13)

Pink Mamma

Trattoria mit Speisen im Florentiner Stil (köstliches Carpaccio und *bistecca alla fiorentina*). Einer der besten und hippsten Italiener von Paris (9. Arr.). Wunderschön: die bepflanzte Dachterrasse.

- 20bis, rue de Douai
  75009 Paris
  www.bigmammagroup.com/en/trattorias/pink-mamma
  Tgl. 12–15.15 und 18.45–22.45 Uhr
  Métro: Blanche, Pigalle (Linie 2, 12)

Train Bleu (Gare de Lyon)

Opulent, majestätisch, ikonisch! Und zwar sowohl das Interieur betreffend als auch die Speisenauswahl und den Service. Ein kostspieliges Vergnügen!

- Place Louis-Armand hall 1
  75012 Paris
  www.le-train-bleu.com
  Tgl. 11.15–14.30 und 19–22.30 Uhr
  Métro: Gare de Lyon (Linie 1, 14)

INSIDERTIPPS

ESSEN UND TRINKEN

Wo man bodenständige Küche, gute Hausmannskost und eine Atmosphäre vorfindet, in der man sich rundherum wohlfühlt, verraten unsere Interviewpartner Roman Griesshaber, Soazig Le Guevel und Romy Straßenburg.

La Bellevilloise
- 19-21, rue Boyer
  75020 Paris
  www.labellevilloise.com
  Métro: Ménilmontant, Gambetta (Linien 2, 3)
  So Jazzbrunch ab 11.30 Uhr

La Place Royale
- 2 bis, place des Vosges
  75004 Paris
  www.facebook.com/RestaurantLaPlaceRoyale
  Tgl. 11–24 Uhr
  Métro: Bastille (Linien 1, 5, 8)

Le Croco du Marais
- 6, rue Dupetit-Thouars
  75003 Paris
  www.crocodumarais.fr
  Tgl. 18–1 Uhr
  Métro: Temple, République, Oberkampf (Linien 3, 5, 8, 9, 11)

Les Foudres
- 4, place Martin Nadaud
  75020 Paris
  www.facebook.com/bistrotlesfoudres
  Tgl. durchgehend geöffnet
  Métro: Père Lachaise (Linie 2, 3)

Le Préau
- 18, boulevard Richard Lenoir
  75011 Paris
  Tgl. durchgehend geöffnet
  www.facebook.com/lepreau.restaurantbastille
  Métro: Bastille, Oberkampf (Linien 1, 5, 8, 9)

Les Marches
- 5, rue de la Manutention
  75116 Paris
  www.lesmarches-restaurant.com
  Tgl. 12–14.30 und 19.30–22.30 Uhr
  Métro: Iéna (Linie 9)

DIE SCHÖNSTEN MÄRKTE

Zwei der ältesten Märkte von Paris mit architektonisch sehenswerten Hallen. Hier kann man frische Lebensmittel einkaufen und Köstlichkeiten aus aller Welt probieren.

Marché couvert des Enfants Rouges
- 39, rue de Bretagne
  75003 Paris
  www.paris.fr/marches
  Di–Sa 8.30–20.30, So 8.30–17 Uhr
  Métro: Saint-Sébastien–Froissart, Filles du Calvaire (Linie 8)

Marché d’Aligre (auch: Marché Beauveau)
- 25-11, rue d’Aligre et place d’Aligre
  75012 Paris
  www.paris.fr/marches
  Di–Fr 9–13 und 16–19.30, Sa 9–13 und 15.30–19.30, So 9–13.30 Uhr
  Métro: Ledru-Rollin (Linie 8)

Benannt nach dem historischen Namen von Paris: das im Jugendstil erbaute Luxushotel Lutetia

5

Wie man sich bettet …

Plüsch oder Industriechic, Romantik, Hideaway oder gar Königsklasse?

Kleine Taler, echtes Gold: günstig oder fürstlich gebettet?

Ob ein winziges Zimmer mit Blick über die Dächer der Seinestadt oder eine riesige Suite mit Eiffelturmpanorama – Paris bietet unzählige Hotels für alle Geschmäcker und Bedürfnisse. Für den kleinen wie für den extragroßen Geldbeutel.

Eines haben alle gemein: Mit den Absteigen vergangener Tage hat die Hotellerie der Hauptstadt nichts mehr zu tun. Ein Glück! Aber fangen wir mit einem Rückblick an: Als klar war, dass ich als Korrespondent nach Paris ziehen würde, machte ich mich erstmal auf Wohnungssuche (s. S. 16). Da sich dieser Prozess recht schwierig und langwierig gestaltete, blieb mir für die ersten Wochen nur eines: das Hotel. Und da ich für die Zeit der Suche über ein schmales Budget verfügte, musste es eben auch eine Unterkunft sein, die mich nicht gleich in die Privatinsolvenz stürzen würde. Kurzum: Es war furchtbar. Genauso furchtbar wie die Busreise von Berlin nach Paris, die ich als Jugendlicher mit Freunden zu Silvester des Jahres 1999 unternahm.

Nicht über Silvester!

Hier möchte ich gleich eine kleine Warnung anbringen: Wenn Sie Silvester lieben, also so richtig mit Bambule, Feuerwerk & Co. – dann vergessen Sie Paris. Es gibt hier nämlich weder organisiertes noch privates Feuerwerk, diese Tradition kennt man im ganzen Land nicht– und ist in der Hauptstadt schlichtweg verboten. Wer also auf dem Montmartre ein fulminantes Feuerwerkspanorama über der Stadt erwartet, wird bitter enttäuscht. Der Himmel bleibt um Mitternacht dunkel, nur der Eiffelturm blinkt wie stets zur vollen Stunde. Zudem kosten alle Restaurants das Doppelte, sind aber nur halb so gut wie sonst im Jahr – deshalb: Lassen Sie es!

Da wir diesen Tipp damals leider nicht bekommen hatten, feierten wir also Silvester in der stillen Stadt. Auch da landeten wir in einem Pariser Hotel (vielleicht war es auch in der *banlieue*, ich habe es verdrängt, weil es so schrecklich war), das genau so war, wie es der Ruf von billigen Pariser Hotels bis heute verheißt: winzige Zimmer mit durchgelegenen Betten, Blümchentapeten, an deren oberen Enden der Schimmel spross, ein Geruch nach Rattengift oder Ratten, je nachdem, und Bäder, in denen man auf dem Klo sitzend gleich duschen konnte. Ungelogen: So war das früher.

Schöner Wohnen an der Seine

Und so darf ich Ihnen freudig mitteilen: Diese Zeiten sind ein für allemal vorbei. Offenbar haben sich die Franzosen in den letzten zehn Jahren auch daheim vermehrt für Inneneinrichtung und Sauberkeit interessiert – vor allem für schöne Bäder, so scheint mir. Und deshalb wollten sie es schlicht nicht mehr akzeptieren, für 150 oder 200 Euro in einem Loch zu wohnen, wenn sie auf Reisen sind. Deshalb mussten sich die Pariser Hoteliers eben umstellen – und das taten sie, mit Erfolg.

Es ist heutzutage quasi unmöglich geworden, in Paris schlecht zu wohnen, wenn man ein paar einfache Regeln beachtet. Die wichtigste ist sicher, den Internetbewertungen zu vertrauen. Hotels unter 4,3 (bei Google) oder unter 8,2 (bei booking.com) sollten Sie schlicht aussortieren. Dann kann auch bei kleinen Preisen eigentlich nichts mehr schiefgehen.

Obwohl kleine Preise natürlich sehr subjektiv sind. Während es kurz nach Corona, als die Amerikaner, Japaner und Araber noch nicht wiedergekehrt waren, auch mal sehr schöne Zimmer für weniger als 100 Euro gab, hat sich die Lage nun, da alle Touristen zurück sind, komplett geändert. Derzeit ist es kaum möglich, unter 150 Euro pro Nacht irgendein Zimmer zu finden, der Hype um Paris ist einfach zu groß. Manch-

Über 2100 Hotels hat Paris zu bieten.

mal, zu Messezeiten oder an bestimmten Wochenenden, steigen die Startpreise auch auf 300 Euro, es empfiehlt sich also, rechtzeitig zu planen und zu buchen.

Aber dann gibt es wirkliche Entdeckungen zu machen. Ich empfehle stets Hotels, die in ruhigen Straßen gelegen sind, nicht genau neben den größten Sehenswürdigkeiten, sondern eher mitten in den Quartieren, den kleinen Pariser Dörfern sozusagen.

Richtig dezentral ist in Paris ohnehin nichts, die nächste Métrostation ist stets um die Ecke.

Damit es auch ein wenig praktische Hilfe gibt, möchte ich Ihnen hier erstmal meine Top Sechs der Hotels im kleinen und mittleren Preissegment vorstellen, in denen ich stets abwechselnd wohne, wenn ich heute in der Stadt bin.

Meine Hotelfavoriten

Beginnen wir mit dem Hotel Odéon in der Rue de l'Odéon. Die kleine Seitenstraße des Boulevard Saint-Germain ist ideal geeignet für alle Erkundungsmärsche durch die Viertel links des Flusses. Die Zimmer sind zwar klein, aber hübsch eingerichtet. Und die Preise sind für die sensationelle Lage mehr als akzeptabel.

Ebenfalls Rive Gauche liegt das Hotel Bourgogne & Montana vis-à-vis der Assemblée Nationale, des französischen Parlaments. Das Personal ist sehr freundlich, die Zimmer sind frisch renoviert, und die Rue de Bourgogne ist recht ruhig, sodass friedliche Pariser Träume garantiert sind.

Wechseln wir zur Rive Droite: In der Rue Tholozé liegt das Hotel des Arts Montmartre, ein kurzer Spaziergang ist es von hier zur Basilika Sacré-Cœur. Das Hotel in einem wunderschönen Haussmannschen Haus ist komplett saniert worden und bietet nun elegante Zimmer und wirklich ausgesprochen freundliches Personal. Ein Kleinod ganz im Norden der Stadt.

Im modernen Industriechic einer ehemaligen Textilfabrik liegt das Hotel Fabric zwischen Bastille und dem Ausgehviertel rund um die

Place de la République. Auch hier ist das Design *très chic*, es ist eines der besseren Boutique-Hotels der Stadt.

Zurück zur Rive Gauche: Im Hotel Thoumieux war ich während der Pandemie einmal für ein paar Tage der einzige Gast. Ich werde diese Zeit in dem stillen Hotel nicht vergessen. Die Zimmer sind geräumig und irgendwie speziell eingerichtet, mit schweren Teppichen und bequemen Betten. Der Clou ist aber das Bistrot im Erdgeschoss. Das Essen ist gut, aber wirklich besonders ist der Pianospieler, der von Donnerstag bis Samstag jeden Abend das *dîner* erst mit sanften Klängen untermalt, dann aber ab elf, halb zwölf richtig groß aufspielt. Er singt so fabelhaft und ist ein dermaßen guter Entertainer, dass die Pariser Jeunesse Dorée schon Minuten später mittanzt, auf den Bänken steht, singt und feiert. Reservieren, essen, mitfeiern – Sie werden diesen Abend nicht vergessen!

Schnörkellose Eleganz erwartet den Gast im Hotel Thoumieux im Herzen von Paris.

Dezente Farben, extravagante Muster: Zimmer im Hotel Latour Maubourg

Mein liebstes Haus ist das Latour Maubourg, Rive Gauche im noblen 7. Arrondissement gelegen, gegenüber dem Invalidendom. Es ist ein gedrungenes Haus in der Rue de Grenelle, über drei Etagen, mit einem wunderschönen Treppenhaus. Im Keller gibt es ein kleines Spa mit Hamam & Co. Besonders schön sind aber die Zimmer: Sie sind mit Dielenböden und den typischen Pariser Kaminen versehen, die Betten sind komfortabel, die Bäder hochmodern. Es sind kleine Schlosszimmer mitten in der Stadt. Und der Service ist sehr freundlich.

Also, das waren meine Hoteltipps für die »normale« und schöne Urlaubsreise nach Paris. Es gibt ja aber auch die besonderen Augenblicke im Leben: der geplante Antrag auf den Treppen des Trocadéro, die Hochzeitsreise in die Stadt der Liebe, die Silberhochzeit oder vielleicht auch einfach der ganz große Moment der Verliebten – oder die heimliche Reise mit der *liaison dangereuse* – auch darüber möchte ich Ihnen etwas erzählen.

Die Königsklasse

Denn wenn Sie einmal in Paris in den Genuss des Luxus der ganz großen Hotellerie gekommen sind, dann wird es fortan schwer, sich mit weniger zufriedenzugeben. Natürlich, auch in Deutschland gibt es erstklassige Hotels, das Vier Jahreszeiten in Hamburg, das Brenners in Baden-Baden, Schloss Elmau in den bayerischen Alpen …

Wie exklusiv hier alles ist, wie groß der Anspruch des Personals an sich selbst, wie luxuriös die Zimmer, die Bar – aber eben auch wie hochpreisig – das sucht schon seinesgleichen.

Ich erinnere mich an meinen ersten Aufenthalt im Hôtel de Crillon. Das ist ein wahrer Palast auf der Place de la Concorde, der aus dem 18. Jahrhundert stammt. Hochherrschaftlich und geschichtsträchtig – vor der Tür wurde Ludwig XVI., Frankreichs letzter König, auf der Guillotine enthauptet. In dem Hotel war auch das Hauptquartier der deutschen Truppen während der Besetzung von Paris untergebracht. Seit der Wiedereröffnung als Hotel nächtigten hier schon viele berühmte Häupter, auch Helmut Kohl stieg hier stets ab, wenn er in Paris war. 2017 eröffnete das Crillon im neuen Glanz. Karl Lagerfeld gestaltete zwei Suiten nach seinen Vorstellungen. In denen war ich zwar nicht, ich hatte ein ganz simples Zimmer, obwohl es simpel hier gar nicht gibt. Bei Zimmerpreisen ab 800 Euro aufwärts auch kein Wunder. Alles ist durchdacht und von erlesener Qualität. Die ägyptische Baumwolle der Betten, die mit Leder bezogene Kaffeemaschine, die Seifen von Buly (s. S. 182), dem legendären Seifenfabrikanten mit der wunderschönen Boutique auf der Rue Bonaparte.

Doch vor allem beeindruckte mich, dass ich mich nur einmal anmeldete, natürlich nicht an einer Rezeption im Stehen, sondern in einem Nebenraum im Sitzen, Champagner inklusive. Dort musste ich nur einmal meinen Namen sagen – und fortan sprach mich jeder so an, vom Pagen über den Concierge und den Autowäscher bis zum Kellner beim Frühstück – ohne einmal ins Stolpern zu kommen. So geht Perfektion.

Und wer einmal auf seiner Hochzeitsreise in dem goldenen Pool geschwommen ist, den Blick nach oben auf die Fassaden mit ihren Markisen und in den Pariser Himmel gerichtet – der versteht auch, warum hier die Leute so viel Geld hinblättern. Nun gut, es sind nicht hauptsächlich deutsche Touristen, die hier absteigen, wir Preußen sind einfach zu sparsam für derartigen Luxus, so scheint mir. Vor der Tür stehen hauptsächlich Sportwagen mit Kennzeichen aus Paris und den Emiraten, aus Saudi-Arabien und dem Libanon. Keine Ahnung, wie man seinen Ferrari aus Dubai nach Paris bekommt, auf dem Landweg wird das wohl eher schwierig sein, aber diese Leute haben allzu oft eigene Flugzeuge. Es ist eine andere Welt, sicher auch eine neureiche, aber was die Pariser daraus machen, ist schon aller Ehren wert.

Mit gesticktem Monogramm und Hotelkater

So läuft es auch ein paar hundert Meter weiter westlich im Le Bristol ab. Es ist eines der legendären Hotels der Oetker Collection, also ein deutsches Haus, auch wenn die Bielefelder Familie, mit der ich meinen

Nahe den Champs-Élysées heißt das Luxushotel Le Bristol seine Gäste willkommen.

Namen teile, miteinander im Clinch liegt. Zuletzt wurden die Luxushotels unter den zerstrittenen Familienzweigen sogar aufgeteilt – Geld macht eben nicht in jedem Fall glücklich. Das Haus ist trotzdem wunderbar. Es ist etwas altmodischer als das Crillon und verfügt mit einer 260-Quadratmeter-Suite über das größte Zimmer in der ganzen Stadt – für schlappe 25 000 Euro pro Nacht. Der Clou aber ist wie in fast allen Oetker-Häusern die Hotelkatze, hier ist es Sokrates, der über die Flure streift und sicher gut verköstigt wird. Die Gäste dürfen den Kater natürlich auch streicheln.

Zwölf Hotelpaläste gibt es in Paris, *palace*, so heißt die Kategorie hier. Das wären in Deutschland Hotels der Fünf-Sterne-Superior-Klasse. Besser geht's also nicht. Elf der Paläste thronen auf *der* Rive Droite, nur einer auf dem linken Ufer: das Hôtel Lutetia. Am Boulevard Raspail gelegen, lässt sich von diesem prachtvollen Hotel das Kaufhaus Bon Marché genauso gut zu Fuß erreichen wie die schönen alten Cafés der Rive Gauche.

Das Haus trägt den alten Namen von Paris, und im Wappen des Hotels dominiert das Schiff, das auch das Stadtwappen ziert: ein Flussschiff aus dem 12. Jahrhundert. Wer hier eincheckt und eine der sündhaft teuren Suiten bezieht, bekommt dieses Schiff als großen Schokokuchen serviert, unter einer Glaskuppel. So geht Luxus! Die Kissen des Hotelbetts sind mit den Initialen jedes Gastes verziert, eingestickt in blauer Schrift. Aber nein, es gibt keine Kissenkammer mit 700 Bettbezügen mit allen Buchstabenvarianten, vielmehr gibt es im Keller eine Stickmaschine – und wenn Roman Griesshaber, *directeur d'hébergement* und damit Herr über 184 Zimmer und Suiten, den wir gleich zum Interview treffen, die Namen aller Gäste vorliegen, auch die der Kinder, dann sticken seine Angestellten los.

Wer Geburtstag hat, kriegt aufs Zimmer einen Kuchen und schwebende Luftballons.

Alles hier soll zeigen: Wer ins Lutetia kommt, muss sich um nichts kümmern – um unsere Gäste kümmern wir uns – und genau so wird der Paris-Urlaub dann unvergesslich.

Im Gespräch mit Roman Griesshaber

Jeden Tag in Paris aufzuwachen und dann noch in einem der schönsten und legendären Hotels zu arbeiten – ist das nicht ein Traum, der in Ihrem Leben in Erfüllung gegangen ist?

Na klar, ich bin ein Hotelier mit ganzem Herzen. Ich meine, ich bin ein deutscher Junge und kann jetzt jeden Tag all diese wunderschönen Bauwerke sehen, da leuchten meine Augen. Und natürlich ist es dann auch mein Wunsch, diesen Traum mit anderen zu teilen – am liebsten mit meinen Gästen. Ich habe an sehr vielen schönen Orten gearbeitet, seitdem ich in die Hotellerie gegangen bin – aber das Lutetia ist schon noch etwas anderes. Es ist einfach so geschichtsträchtig, und es erzählt von so vielen Epochen, ohne darüber das Heute zu vergessen. Es ist das Juwel am linken Ufer – und ich bin sehr stolz, hier zu arbeiten.

Hat sich Paris durch die vielen Krisen verändert? Durch den Terror, die Pandemie, die vielen Streiks und die Gelbwesten?

Paris war leer, als Corona wütete. Und nun gibt es einen »Revanche-Tourismus«. Alle wollen nach Paris. Aufholen, was sie verpasst haben. Die Leute wollen Luxus, aber diesen bescheidenen Pariser Luxus. Die Stadt ist weltoffener und noch internationaler geworden. Weil die Welt eben immer kleiner wird. Die Asiaten waren lange nicht da nach Corona, aber jetzt sind sie alle zurück, um ein Stück von dem zu erleben, was die Magie von Paris seinen Besuchern verspricht.

Luxushotellerie wird in Paris nochmal ganz anders gelebt – Perfektion in Verbindung mit souveränem Personal. Wie empfinden Sie die Qualität der Hotels hier?

Pariser Hotels und gerade unsere Palasthotels sind ganz besonders, auch weil es ein umkämpfter Markt ist. Sehen Sie, es gibt zwölf Palace-Hotels, das bedeutet, Hotels der absoluten Luxuskategorie, die in Deutschland Fünf-Sterne-Superior heißt. Das ist viel für die Fläche von Paris, die ja viel kleiner ist als etwa die von Berlin. Und deshalb ist die Konkurrenz riesig. Wenn Ihr Haus da einen ersten schlechten Eindruck hinterlässt – oder auch nur einen kleinen Fehler macht –, dann

Mit Roman Griesshaber in der Bibliothek, die Teil des Restaurants Le Saint-Germain im Hotel Lutetia ist. Das Haus ist bis heute ein Treffpunkt großer Literaten.

wird der Gast nicht wiederkommen. Ich würde sagen, dass die Qualität des Services auch von der französischen *art de vivre* kommt, also dieser luxuriösen Art zu leben. Lifestyle ist wichtig in Frankreich, das zieht sich durch alle Bereiche: Gastronomie, Produktqualität, Knowhow und eben auch Hotellerie. Hier im Lutetia trainieren wir unsere Mannschaften ständig, damit sie eben nicht nur Angestellte sind, sondern auf Augenhöhe mit den Gästen. Das macht diese besondere Mischung aus Perfektion und Selbstbewusstsein, die sie in Luxushotels in Paris wie in kaum einer anderen Stadt in Europa finden.

Wie ist es, in so einem legendären Haus zu arbeiten, das ja auch noch den historischen Namen der Stadt trägt?

Mein Arbeitsplatz wurde ja schon im Jahr 1910 eröffnet. Und so war das Lutetia einfach Zeuge von so vielen historischen Augenblicken, die in seinen Mauern stattgefunden haben und nicht nur das Hotel, sondern das ganze Viertel geprägt haben. An so einem geschichtsträchtigen Ort arbeiten zu dürfen macht mich stolz und erfüllt mich jeden Tag mit Freude. Besonders schön ist es, hier von so viel Kunst umgeben zu sein. Ich meine: Picasso, André Gide und Hemingway sind den gleichen Flur entlanggelaufen wie ich heute, und das macht es schon zu einem ganz besonderen Arbeitsplatz.

Wonach suchen Ihre Gäste? Was gibt ihnen dieses Paris-Gefühl?

Es kommen einfach so viele Menschen mit ganz unterschiedlichen Sehnsüchten in die Stadt: Manche wollen ihre Flitterwochen hier verbringen, andere den Paris-Marathon laufen oder Disneyland besuchen. Und dann sind da noch die Fashionistas, die nicht nur zur Fashion Week kommen, weil Shopping und Mode hier einfach ihre Welthauptstadt gefunden haben. Ich glaube, Paris ist der Hotspot für Tourismus in der Welt, weil hier jeder genau das findet, was er sucht.

Was unternehmen Sie selbst am liebsten in Paris?

Ich liebe es einfach, lange an der Seine zu spazieren und danach in der Rue de Seine stundenlang von Galerie zu Galerie zu flanieren, um abwechselnd ganz alte und ganz moderne Kunst anzusehen.

Was und wo?

Hotels der Mittelklasse, zum Wohlfühlen für Privat- und Geschäftsreisende

Hôtel des Arts Montmartre
- 5, rue Tholozé
  75018 Paris
  www.arts-hotel-paris.com
  Métro: Blanche, Abbesses (Linien 2, 12)

Hôtel Bourgogne & Montana
- 3, rue de Bourgogne
  75007 Paris
  www.bourgogne-montana.com
  Métro: Assemblée Nationale (Linie 12)

Hotel Fabric
- 31, rue de la Folie Méricourt
  75011 Paris
  www.hotelfabric.com/de
  Métro: Oberkampf, Saint-Ambroise (Linien 5, 9)

Hotel Thoumieux
- 79, rue Saint-Dominique
  75007 Paris
  www.hotel-thoumieux.com
  Métro: Cour Saint-Emilion (Linie 14)

Hôtel & Spa de Latour Maubourg
- 150, rue de Grenelle
  75007 Paris
  www.latourmaubourg.com/de
  Métro: La Tour-Maubourg (Linie 8)

Odéon Hôtel by Malone
- 3, rue de l'Odéon
  75006 Paris
  www. Odeonhotel.fr
  Métro: Odéon (Linien 4, 10)

Was und wo?

Königlich übernachten lässt sich in diesen Hotels der Luxusklasse, die makellosen Komfort bieten, was natürlich seinen Preis hat.

Le Bristol Paris
- 112, rue de Faubourg Saint-Honoré
  75008 Paris
  www.oetkercollection.com/hotels/le-bristol-paris

Hôtel Lutetia
- 45, boulevard Raspail
  75006 Paris
  www.hotellutetia.com

Pool des geschichtsträchtigen Hôtel de Crillon (S. 97)

In den Gassen von Montmartre wähnt man sich nach wie vor wie in einem Dorf.

6

Dörfliches Paris

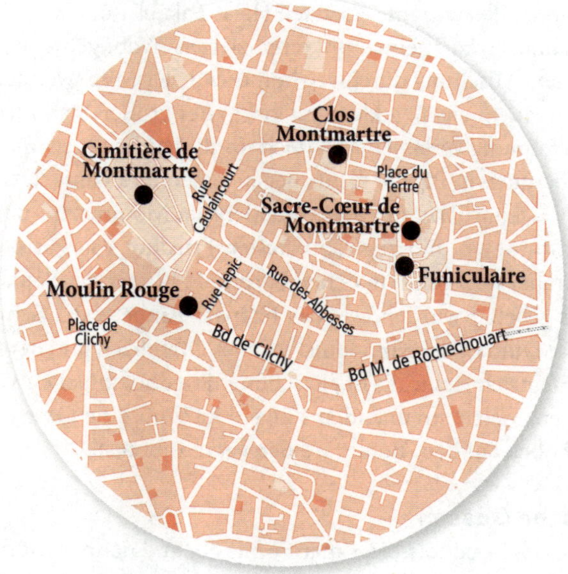

Pinsel und Staffelei,
Austern und Falafel,
eine überirdisch schöne Basilika

Zu Hause auf dem heiligen Berg

Die längste Phase meiner Korrespondentenzeit wohnte ich in Batignolles, ganz nah an der Place de Clichy, diesem chaotischen Verkehrsknotenpunkt im Nordwesten der Stadt. Ziemlich auf der Grenze zwischen Bourgeois und Banlieue. Es war eine aufregende Zeit!

Stuckdecken und Porsches konkurrierten mit Gangs und Gangstern, ab und zu wurde auch mal jemand am helllichten Tag erschossen. Alles war im Umbruch, man konnte dem Quartier bei der Gentrifizierung regelrecht zuschauen: Designerläden verdrängten alte Handwerksbetriebe, kleine Pop-up-Restaurants ersetzten Halal-Falafel-Buden.

Das Schönste an meiner unkomplizierten Wohngemeinschaft mit einer bunten Mischung durchweg homosexueller Mitbewohner war die Nähe zu meinem eigenen kleinen Dorf in der großen Stadt. Ich musste nur die Wohnung verlassen und mich nordwärts bewegen, die Place de Clichy überqueren, Pigalle rechts liegen lassen und dann stets bergauf. Über die Eisenbrücke, die den Cimetière de Montmartre überspannt – den drittgrößten und zugleich ältesten Friedhof von Paris, der etwa 20 000 Gräber umfasst –, in denen berühmte Bürger der Stadt zur letzten Ruhe gebettet wurden, wie das Ehepaar Ampère, der Schriftsteller Alexandre Dumas, der Komponist Jacques Offenbach und der deutsche Dichter Heinrich Heine. Es ist ein schöner Friedhof mit alten Wegen aus Feldsteinen, vielen streunenden Katzen, kurzum eine Oase der Ruhe, während oben auf dem Boulevard der Verkehr braust.

Malerische Gassen

Am Ende des Friedhofs biegt man rechts ab, und dann weist die Straße in zwei Richtungen: Links bergauf führt die steile Rue Lépic, die so malerisch ist, dass ich sie als Pseudonym für meine Paris-Krimireihe nutze; als Alex Lépic schreibe ich die spannenden Fälle des Commissaire Lacroix auf. Rechts aber beginnt die Rue des Abbesses. Am Wochenende war das stets mein erster Weg. Weil es eben eine Straße ist, die dieses typische Zentrum eines der unzähligen Pariser Dörfchen darstellt. Es gibt hier alles – und es ist auch der Platz des Sehens und Gesehenwerdens. Haus an Haus befinden sich Apotheke, Optiker, zwei Bäcker (die Bewohner teilen sich genau auf, manche bevorzugen die Qualität des einen, die anderen schwören auf den Konkurrenten), zwei Weinläden (die Bewohner kaufen bei beiden jeweils die gleichen Mengen), es gibt einen herrlichen Fischladen über Eck, der morgens die frischen Fische, Austern und Meeresfrüchte so perfekt auf das Eis schichtet, dass schon der Anblick eine wahre Freude ist. Hinzu kommt ein Fleischer, ein Käse-

NICHT VERPASSEN

Paris kriminell

Die Stadt der Liebe ist allzu oft auch »Die Stadt der Hiebe«. Davon zeugt das Museum der Polizei im Revier des 5. Arrondissements. Hier gibt es spannende Informationen zur Geschichte des Verbrechens, über gruselige Mordmethoden und über die stolzen Beamten. Das wichtigste Vorbild von allen ist wohl Commissaire Maigret, Alter Ego von George Simenon. Seine 75 Krimis sind Charakterstudie und Stadtführer gleichermaßen. Aber es gibt auch andere tolle Paris-Krimis: Wie die Bücher von Fred Vargas um Commissaire Adamsberg, Ulrich Wickerts Bücher um Ermittlungsrichter Ricou und die »Kommando Abstellgleis«-Krimis von Sophie Hénaff. Ganz unbescheiden darf ich natürlich auch für meine eigene Reihe werben: Mit meinem Commissaire Lacroix lässt es sich herrlich durch die Stadt flanieren, in spannenden und sehr genussvollen Krimis für alle, die mehr Wert auf altmodische Ermittlungsarbeit als auf rasende Action legen.

Musée de la Préfecture de police

- Hôtel de Police, 4, rue de la Montagne Sainte-Geneviève, 75005 Paris, www.parisinfo.com/musee-monument-paris/71398/Musee-de-la-Prefecture-de-police, Mo–Fr 9.30–17, jeden 3. Sa im Monat 10.30–17 Uhr, Eintritt frei, Métro: Maubert-Mutualité (Linie 10)

laden, ein Feinkostladen – und überall ist die Qualität fantastisch – dies ist eben die Produkt-Hauptstadt der ganzen Welt.

Rungis – der größte Frischmarkt der Welt

Kein Wunder, der Lebensmittelmarkt von Rungis ist der größte Markt der Welt – und er ist die Lebensader der guten Produkte, gerade einmal 20 Min. vom Pariser Zentrum entfernt. Hier machen die Menschen des Montmartre ihre Einkäufe, die Köche aus den vielen Restaurants schleppen Baguettetüten über die Straße, die Männer holen nachmittags die frischen Doraden und die Jakobsmuscheln, die Frauen besorgen nach der Arbeit noch schnell eine Flasche Wein. Und am Wochenende sitzen alle gemeinsam in den Cafés und auf den Terrassen und genießen einen Brunch mit Baguette, Croissant und Omelette, dazu ein Glas Saft und einen Café zum Preis eines Kleinwagens. Und auf derselben Terrasse wird am Abend dem Apéro gefrönt, mit einem *coupe de champagne* (Kulturlose trinken auch eine *piscine*, das ist Champagner mit Eis und

Der Großmarkt in Rungis beliefert die Märkte der Region mit frischen Produkten, hier etwa im Marché Couvert im Vorort Le Pré Saint-Gervais.

eine Verschwendung des edlen Gesöffs) oder einem Cocktail, dazu gibt es Nüsschen und die Feststellung, dass in Frankreich, obwohl die Preise so exorbitant sind, immer noch wahnsinnig viel geraucht wird. Und es sieht nicht mal richtig schlimm aus, sondern passt zu dieser Stadt.

Wiege der Flaneure

Ich konnte hier immer ewig sitzen und kann es bis heute: zugucken und genießen. Kein Wunder, dass in Paris das Flanieren erfunden wurde. Es ist einfach ein Zauber und ein Privileg, all dieser Schönheit huldigen zu dürfen. Den Fassaden der alten Häuser, die die Szenerie für das Theaterstück bilden, das hier allabendlich aufgeführt wird. Da läuft das liebende Paar die Straße entlang, küsst sich hier, umarmt sich da, und beide sehen so hinreißend aus, dass man ihnen nur alles Gute wünschen mag. Da sind die schick angezogenen Mittvierziger, die auf dem Weg zur Opéra sind, ganz klar, wo sonst trägt man(n) Smoking? Und der Mann mit dem Blumenstrauß in der Hand, unverkennbar auf dem Weg zum ersten Date, sein Ausdruck ist so aufgeregt, dass ich gleich mitfiebern möchte.

Die Liebe liegt in Paris in der Luft – und hier an der Rue des Abbesses lässt sich wunderbar dabei zusehen.

Zwei- oder dreimal pro Woche führte mich mein Weg vorbei an all den Terrassen, erst spät am Abend war das, kurz vor zehn Uhr. Dann stieg ich links die Rue Ravignan bergan, die Treppen hinauf zu dem kleinen Park, und dann begann mein Weg durchs echte und älteste Pariser Dorf. Am Tage kann hier kaum einer treten, weil sich dann wie in Venedig die Touristen durch die engen Gassen des Montmartre schieben, dicht an dicht, die armen Reiseführer mit Schildern oder Regenschirmen voran.

Am späten Abend aber ist es so schön wie Venedig bei Nacht. Dann ist hier niemand mehr oder fast niemand, vielleicht noch ein paar Bewohner und ein paar letzte Dinnergäste, die ernsthaft auf der Place du Tertre versuchen, etwas Genießbares zu verzehren – kurzer Hinweis: Es ist beinahe unmöglich.

Schlange stehen für ein Bild

Mein Weg aber führt über das noch regenfeuchte Feldsteinpflaster, die ersten Wirte schließen ihre Läden, es harren nur noch ein oder zwei Maler auf der Place du Tertre aus, die auf jene verliebten Pärchen hoffen, die ein spätes Porträt des romantischen Moments einfangen lassen wollen.

Sind die Restaurants hier zwar beinahe allesamt Touristenfallen, ist die Place du Tertre dennoch ein magischer Ort. Schließlich gibt es das Viereck mit seinen dicht an dicht gebauten und gedrungenen Häusern schon seit fast 600 Jahren. Damals befand es sich direkt vor den Mauern des Montmartre-Klosters. Hier stand das erste Rathaus, und der Platz war der Treffpunkt der stolzen Bürger des Bergdorfes.

Heute aber ist von jenen Bürgern nicht mehr viel zu sehen, tagsüber jedenfalls. Dann wimmelt es hier vor Menschen, die über den Platz flanieren, auf dem dicht an dicht die Restaurantterrassen ihre Tische stellen und Schirme aufspannen. Und darum aufgereiht sitzen sie, die Zeitgenossen, die selbst zu Attraktionen geworden sind – die Maler und Karikaturisten, die all diese Touristen anlocken.

Es macht Spaß, hier zu flanieren und einen Blick auf die Staffeleien zu werfen, auf denen mit wenigen Strichen die Porträts der Touristen entstehen – die Künstler sind allesamt Schnellzeichner. Hinreißend, wie fein diese Zeichnerin den kleinen Jungen mit Kreide malt, ein wenig makelloser, als er in Wirklichkeit aussieht, natürlich. Auch ich habe so ein Selbstbildnis aus der Zeit, als ich ein Kind war, und meine damals noch etwas abstehenden Ohren waren auf der Zeichnung deutlich angelegter. Dann gibt es jene Maler, die ihre Modelle wild und bunt zeichnen, oder Asiaten, die Scherenschnitte der Kopfform in einer solchen Windeseile anfertigen können, dass man beim Zuschauen der Hand gar nicht hinterherkommt. Und es gibt die Karikaturisten, die das Gesicht der Modelle in witziger Form wiedergeben – davor bleiben die meisten Zuschauer stehen.

Es ist ein einträgliches Geschäft, weil sich die Künstler ihre Werke gut bezahlen lassen. Unter 30 Euro für zehn Minuten zieht hier niemand mit seiner Zeichnung von dannen. Die Kunden stehen trotzdem Schlange. Deshalb sind die Lizenzen für die Plätze heiß begehrt – die Stadtverwaltung vergibt sie und verlangt, dass die Künstler in einem

Auf der Place du Tertre kann man den Künstlern bei ihrer Arbeit zuschauen.

Wettbewerb mit ihren Zeichnungen konkurrieren. 140 Plätze sind zu vergeben – einen Quadratmeter kriegt jeder – für Staffelei, Hocker und Utensilien – der Preis: rund 300 Euro im Jahr. Nicht viel, wenn man bedenkt, dass es 14 Millionen potenzielle Kunden gibt.

Die Künstler auf dem Berg sind gut, aber längst noch nicht so berühmt wie ihre Vorbilder, die zum Teil Jahrzehnte in diesem Viertel wohnten: Größen wie Picasso, Modigliani, Poulbot und Toulouse-Lautrec.

Überirdisch schön: Sacré-Cœur

Noch zwei Ecken habe ich am späten Abend vor mir – und auf dem Hinweg versuche ich ganz bewusst, nicht auf das Panorama unter mir zu achten. Stattdessen schaue ich nur nach oben – zur Spitze dieser wunderschönen schneeweißen Zuckerbäckerkirche: Sacré-Cœur de Montmartre – das heilige Herz – die wohl anmutigste Kirche in der Seinestadt. Von weither ist sie zu sehen, immer wieder blitzt sie über der Stadt auf, wenn man unten durch die Straßen eilt. Nun aber stehe ich ganz nah davor, und das Weiß des Steins kontrastiert mit dem goldenen Licht, mit dem die Kirche angestrahlt wird.

Jetzt am Abend ist Sacré-Cœur für die Touristen schon geschlossen, es darf nur noch hinein, wer der Messe entgegenstrebt.

Es sind viele Menschen dort, jeden Abend, denn nun sind sie wieder da, die Bewohner des Viertels, die nach getaner Arbeit noch eine Stunde der Andacht verbringen wollen. Die Orgel spielt, die Kerzen am Altar brennen, und die Nonnen des Klosters singen so wunderbar, dass einem das Herz schier überlaufen will – auch weil die Hektik und der Stress der Stadt von allen abfallen.

Überhaupt: Was ist das für eine Kirche? Die Kuppeln, klein und groß mit ihren Oberlichtern und ihrem hellen Stein. Oben, an der riesigen Kuppel, zeigt ein Mosaik in der Apsis Jesus, wie er die Arme ausbreitet und damit alle einlädt, ihm zu folgen.

Es ist wie eine Umarmung – und ich habe sie schon beim ersten Besuch hier gespürt, um sie nie wieder vergessen zu können.

Die Deckengemälde sind hinreißend, nicht so düster wie unten in Notre-Dame; hier oben ist alles bejahender, fast fröhlich – und doch andächtig. Außerdem wird hier am Tage darauf geachtet, dass nicht ständig fotografiert wird – unten in Notre-Dame hat mich das ständige Geblitze – vor dem Brand – ganz konfus gemacht.

Die Messe am Abend ist ruhig, nur erfüllt von der feierlichen Musik, der Predigt und den wiederkehrenden Gebeten, es ist einfach mein Moment der Stille in dieser trubeligen Metropole.

Die Kirche des heiligen Herzens führt seit 1885 eine einzigartige Tradition fort – es gibt hier keine Stunde, in der nicht gebetet wird. Zu diesem Zwecke dürfen Pilger im Gästehaus der Kirche eine Nacht verbringen, für den Preis von höchstens 30 Euro, im Schlafsaal sogar nur für zehn. Dann dürfen die Pilger sich ihre liebste Stunde der Nacht aussuchen und werden in die Kirche eingelassen – um in Stille zu beten. So sind rund um die Uhr Betende in Sacré-Cœur – in der andächtigen Stille dieser wunderschönen Kirche. Trat ich nach der Messe hinaus auf den Platz vor Sacré-Cœur, dann war hier schon einigermaßen Ruhe eingekehrt. Nur noch einige Pärchen und Nachtschwärmer waren da, um den Ausblick vom heiligen Berg zu genießen. Denn der ist einmalig.

In gerade mal anderthalb Minuten überwindet die Standseilbahn 36 Höhenmeter.

Die Treppe nach oben

Die Treppe, die zur Kirche hinaufführt, ist am Tage belagert von Hunderten von Menschen, jetzt sitzen hier nur noch vereinzelt Paare, die sich im Arm halten, den Blick nach unten gerichtet auf das Meer der Lichter, das Paris auch ist.

Von hier oben liegt mir die Stadt buchstäblich zu Füßen: Genau unter mir die Ausläufer des 18. Arrondissements, also die tieferen Gefilde von Montmartre: Pigalle, Rochechouart. Da sind all die unverwechselbaren Schieferdächer, auf denen nur noch die schwarzen Katzen fehlen, um ein typisches Postkartenmotiv abzugeben. Die Schornsteine, die der Stadt im Winter ihre Wärme geben. Die Lichter der Fenster, die zeigen, wie vielen Menschen Paris ein Zuhause ist.

Dann das 9. Arrondissement, die Gegend der Grands Boulevards, gutbürgerlich, ein Viertel mit schönen Wohnungen und Büros, vielen Cafés, Kinos, Restaurants, und alles hier strebt der Oper zu. Links davon recken sich Gebäude in die Höhe, die wie Landmarken für die verschiedenen Viertel der Stadt sind: Da ist das lang gestreckte moderne Centre Pompidou, rechts davon beginnt die Île de la Cité, erkennbar nicht zuletzt an den markanten Doppeltürmen der Kathedrale von Notre-Dame,

NICHT VERPASSEN

Vin de Paris

Es gibt ihn wirklich, den Weinberg mitten in der Stadt, auf dem Rebstöcke dicht an dicht stehen. Auf dem Montmartre liegt er, seitdem Nonnen vor neun Jahrhunderten die Tradition nach Paris brachten. Früher gab es riesige Parzellen, heute nur noch diesen kleinen wunderschönen Weinberg mit den Rebsorten Gamay, Pinot und Sauvignon. Im Oktober findet die Lese als großes Volksfest statt, immerhin rund 1000 Flaschen werden gekeltert. Der Erlös kommt karitativen Zwecken zugute. Und es gibt noch einige kleinere Weinlagen: etwa in Bercy, Belleville und in der Rue des Morillons am Parc George Brassens im Süden von Paris.

- Clos Montmartre/Vigne de Montmartre, Rue des Saules
  75018 Paris
  www.montmartre-guide.com
  Métro: Lamarck–Caulaincourt (Linie 12)

dem Justizpalast, dem Turm der Sainte-Chapelle. Dahinter, golden angeleuchtet die Kuppel des Panthéon, rechts davon die kleinere Kuppel der Académie française. Und ganz hinten, schwarz wie die Nacht, das Ungetüm des Tour Montparnasse, der nur dann erträglich ist, wenn man im Turm selbst auf der Aussichtsterrasse steht und ihn nicht mehr sieht.

Nur einer ist von dieser Treppe aus nicht zu sehen: der Eiffelturm. Dafür muss man den Weg nach rechts einschlagen, erst ganz am Ende der Mauer, dort, wo ein kleiner Zaun den Weg versperrt, ist der Stahlkoloss zu sehen, der nachts seinen Lichtstrahl über den Himmel von Paris schweifen lässt.

Aber vielleicht ist es auch gar nicht so schlecht – schließlich beherrscht Gustave Eiffels Turm fast ständig und überall die Silhouette der Stadt – da ist es doch ganz schön, wenn auch die anderen Gebäude mal zu ihrem Recht kommen.

Neunzig bildschöne Sekunden

Bevor mich der Weg dann zur futuristischen Bahnstation der *funiculaire* führt, der Standseilbahn, die von 6 Uhr morgens bis kurz nach Mitternacht von der Bergstation hinunter ins Viertel und wieder hinaufpendelt, gerade mal 130 Meter lang ist die Strecke, 90 wunderschöne Sekunden – weil einem der Ausblick von oben durch die großen Fenster nun entgegenfährt.

Unten angekommen – es sind nur ein paar hundert Meter bis zur Métrostation Anvers – ist der Großstadtrummel wieder da, hier noch stärker als anderswo: Der Boulevard de Clichy ist immer noch eine der Hauptvergnügungsmeilen der Stadt oder besser: die sündige, zuweilen auch schmuddelige Meile. Da reiht sich Erotic-Shop an Sexkino, da gibt es unzählige Schnellrestaurants und mehr oder minder angesagte Clubs – und natürlich in der Ferne das rote Leuchten der Schrift an der Windmühle – Moulin Rouge – Mittelpunkt von Pigalle – der größten Mausefalle; Schlagersänger Bill Ramsey hatte nicht ganz Unrecht. Im selben Jahr eröffnet wie der Eiffelturm, erregte das Varieté weltweit Aufmerksamkeit – die großen Bälle, der Cancan, die berühmtesten Tanzstars – sie begründeten den Ruf als Amusement-Hauptstadt der Welt. Der Niedergang begann vor 40 Jahren, irgendwann war Moulin Rouge nur noch eine Ansammlung von semi-erotischen Shows und Touristenabzocken – bis der Kinofilm »Moulin Rouge« die Scheinwerfer wieder angehen ließ – und damit stiegen Umsatz, Besucherzahlen und sogar das Niveau. So ist die berühmte rote Mühle endlich wieder einen Ausflug wert. Und das noch mehr, seit Konkurrenten wie das Lido auf den Champs-Élysées ihre Pforten schlossen.

Für mich sind es nur noch ein paar Meter, bis die Place Clichy leuchtet und sogar der Verkehr ein wenig ruhiger geworden ist. In meiner WG brennt noch Licht – und dann ist da das Zimmer mit dem alten Marmorkamin und die Feststellung: Paris kann Dorf und Großstadt sein, nur eine Straße voneinander entfernt.

HÄTTEN SIE'S GEWUSST

Eine Mühle voller Flaschen

Wissen Sie, wer der größte Einzelkunde für Champagner weltweit ist? Es ist tatsächlich Moulin Rouge, das berühmte Varieté in Pigalle. Im Keller des Etablissements befindet sich ein riesiger Weinkeller, und das ist auch nötig: An einem einzigen Abend werden hier rund 1000 Flaschen Champagner konsumiert – im Jahr sind es ungefähr eine Viertelmillion Flaschen – kein schlechter Durchschnitt, bei einer halben Million Gästen – aber das Moulin Rouge ist eben auch ein Ort, an dem es sich ganz herrlich und feuchtfröhlich feiern lässt.

- www.moulinrouge.fr

Was?

Sakrale Glanzlichter wie die Basilika Sacré-Cœur und die Standseilbahn, die zu ihr führt, sowie der nahe Friedhof Montmartre und zu guter Letzt das jährliche Weinfest und ein weltberühmtes Varieté

Wo und wann?

Cimetière de Montmartre

Unweit von Sacré-Cœur liegt der älteste der Pariser Friedhöfe. Hier ruhen Künstler wie Edgar Degas, Alexandre Dumas, Heinrich Heine, Émile Zola und die Sängerin Dalida.

Ein Bilderbuchblick auf die Basilika bietet sich vom Carrousel de Montmartre.

- 20, avenue Rachel
  75018 Paris
  Tgl. 8.30–17.30/18 Uhr
  Métro: Blanche, Place de Clichy
  (Linie 2)

Sacré-Cœur de Montmartre

Die im neobyzantischen Stil erbaute Basilika auf dem Montmartre-Hügel ist eines der Wahrzeichen von Paris. In ihrem Inneren beherbergt sie eines der größten Mosaiken der Welt (487 qm), das Christus mit weit ausgebreiteten Armen zeigt. Auch der Besuch der Kuppel ist ein Erlebnis (300 Stufen!).

- 35, rue du Chevalier de la Barre
  7510 Paris
  www.sacre-coeur-montmartre.com
  Kirche: tgl. 6–22 Uhr, Eintritt frei
  Kuppel und Krypta: Mai–Sept. 8.30–20, Okt.–April 9–17 Uhr
  Kuppel 6 €, Krypta 3 €, beide 8 €
  Métro: Abbesses, Anvers
  (Linien 2, 12)

Standseilbahn (Funiculaire de Montmartre)

Seit dem Jahr 1900 fährt sie vom unteren Teil der Butte bis zur Kirche Sacré-Cœur. Nur anderthalb Minuten dauert der Spaß. Doch jede Sekunde ist ein Erlebnis und der Ausblick grandios.

- Tgl. 6–0.45 Uhr
  Zum Preis eines Métrotickets

La Fête des Vendanges de Montmartre

Seit 1934 wird jedes Jahr im Herbst das Ende der Weinlese mit einem großen Fest im Weinberg des Montmartre gefeiert. Es wird musiziert und getanzt, gegessen und getrunken.

- Rue des Saules/Rue Saint-Vincent
  75018 Paris
  www.fetedesvendangesdemontmartre.com
  2. Wochenende im Oktober
  Métro: Lamarck-Caulaincourt (Linie 12)

Moulin Rouge

Das 1889 eröffnete und in der Belle Époque weltberühmte Varieté ist heute wieder eine gefragte Adresse für Cabaret, Musik und Tanzrevuen. Ein Besuch dort ist eine »Reise in die Vergangenheit«.

- 82, boulevard de Clichy
  75018 Paris
  www.moulinrouge.fr
  Métro: Blanche (Linie 2)

TIPPS

ESSEN UND TRINKEN

Gut bürgerlich, traditionell und mit zivilen Preisen: Bistrotküche, Hausmannskost, Pizza & Pasta, Snacks, Salate, Crêpes, vegetarisch & vegan

Alix et Mika

Schmackhafte Küche. Besonders fein: das *tartare*, das man sich nach eigenem Gusto selbst zusammenstellen und in den Größen L und XL ordern kann.

- 37, rue Lamarck
  75018 Paris
  www.alixetmika.com
  Mi–Fr 19–22.30, Sa, So 12–14.30 und 19–22.30 Uhr
  Métro: Lamarck-Caulaincourt (Linie 12)

Armorix Crêperie bretonne

Crêpes in allen Variationen: süß und salzig, und fast alle enden auf x: Idéfix, Gendarmerix, sogar Netflix (mit Emmentaler) gibt's!

- 23, rue Sainte-Marthe
  75010 Paris
  www.armorix.bzh
  Tgl. 12–23 Uhr
  Métro: Belleville (Linien 2, 11)

Le Lamarck

Klein, aber fein! Die Speisekarte verheißt Köstlichkeiten wie *côte de cochon* von der Ile de France, Ravioli oder Linsencurry.

- 18, rue Lamarck
  75018 Paris
  www.lelamarck.fr/de
  Di, Do, Sa 12–14.30 und 18.30–23, Mi 18.30–23, So 11.30–15 Uhr
  Bus: Chevalier de La Barre (Nr. 40)

Eine gläserne Pyramide im Innenhof des Louvre dient dem Museum seit 1989 als Eingang. Nicht bei allen fand das Werk des Stararchitekten Ieoh Ming Pei nach der Eröffnung Anklang.

7

Ab für ein Jahr ins Museum

Ein rätselhaftes Lächeln, Kunst im Bunker, Mohnblumen und Seerosen

Paris für Frischluftallergiker

Gleich beim Eintritt wird dem Besucher klar: Das hier ist kein normales Museum, wo alles schweigt und ehrfürchtig staunt. Das hier ist ein Kunsttempel der Superlative: Bienvenue au Louvre.

Egal, aus welcher Richtung kommend man den Louvre betritt, aus den Tuilerien, von der Rue de Rivoli oder durch die sensationelle gläserne Pyramide des Architekten Ieoh Ming Pei, die nicht erst durch den Film »Da Vinci Code« weltberühmt wurde: Am Ende landen alle Besucher in der riesigen Halle, von der aus alle Flügel des alten Louvre erreicht werden können. Und hier stehen sie dann: Schulklassen aus ganz Frankreich, Urlauber aus Europa, Amerika, Reisegruppen aus Fernost – blicken sich um und rätseln, wo sie denn nun lang müssen. In vielen Augen ist Fassungslosigkeit zu erkennen ob des Gigantismus des Louvre und seiner Besuchermassen – bei vielen verknüpft mit der Frage, ob der Besuch wirklich eine gute Idee gewesen ist. Der Louvre erschöpft – manche schon vor dem Betreten.

Natürlich verhält es sich so, dass die Bewohner von Paris das gigantische Museum meiden. Berliner besuchen ja auch nicht alle drei Monate das Pergamonmuseum. Es ist eben die meistbesuchte Sehenswürdigkeit der Stadt – noch vor dem Eiffelturm. 45 000 Tickets werden täglich hier verkauft – das sind mehr als neun Millionen Besucher im Jahr. Zu viele, befanden die Verantwortlichen vor Kurzem: Und wollen den Verkauf der Tickets nun auf 30 000 pro Tag begrenzen, um das museale Erlebnis erträglicher zu gestalten.

30 Sekunden für ein Lächeln

Das ist auch bitter nötig – denn derzeit gleicht der Besuch im Louvre mehr einem Einkaufsbummel im Sommerschlussverkauf. Aber halt! – das soll keine Negativwerbung oder gar Warnung werden. Denn eigentlich beschränkt sich das ganze Gedränge auf einen einzigen Flügel, den Denon-Flügel. Und hier wiederum scheint sich alles nur auf ein Bild zuzuschieben: die »Mona Lisa«, das berühmteste Bild der Welt. Kleiner als ein Blatt Papier im A2-Format. Hinter zentimeterdickem Glas verspiegelt. Und mit einer Absperrung versehen, damit auch wirklich niemand richtig nah herankommt.

Unter dem Namen »Mona Lisa« wird der Besucher das berühmte Gemälde übrigens nur schwer finden, die Franzosen nennen es »La Joconde« (die Heitere) nach dem italienischen »La Gioconda«, wie Leonardo da Vinci sein Bildnis betitelte. Je näher man ihm kommt, desto dichter werden die Massen. Dabei sind die Gemälde im großen Gang mit den herrlichen Decken-Lichthöfen nicht minder beeindruckend. Und ist man endlich im Saal mit der »Mona Lisa« angelangt, stehen die Besucher in Reih und Glied an, denn hier gibt es eine weitere Absperrung. Also noch einmal anstehen, etwa eine Stunde lang, bis man vorne angekommen ist, dann aufstellen zum Selfie mit der unbekannten Schönen hinter Glas. Es bleiben 30 Sekunden Zeit, bis der Sicherheitsmann winkt, und schon ist der merkwürdige Zauber wieder vorbei.

Doch der Louvre ist so viel mehr als »La Joconde«. 35 000 Kunstwerke hängen hier, davon mehr als 7000 Gemälde. Die ausufernden Flügel, die sich über mehrere hundert Meter entlang der Seine ziehen, bieten rund 60 000 Quadratmeter Ausstellungsfläche. Und so empfiehlt es sich dringend, den überlaufenen Denon-Flügel rasch hinter sich zu lassen und sich den anderen Kunstschätzen zuzuwenden. Dort ist der Besucher manchmal fast ganz allein.

Das größte Museum der Welt ist beides: spektakulär und sehr erschöpfend.

Repräsentativ: die königlichen Gemächer von Napoléon III.

Es gibt auch andere Kunstwerke, derentwegen die Besucher hierher strömen: die »Nike von Samothrake« etwa im Denon-Flügel, jene kopflose Siegesgöttin mit Flügeln, die um 190 v. Chr. geschaffen wurde. Im Denon-Flügel hängt außerdem das Gemälde »Die Freiheit führt das Volk« – es zeigt die Juli-Revolution mit »Marianne«, die die Trikolore trägt. Seinem Schöpfer, dem Maler Eugène Delacroix, widmet der Louvre übrigens ein weiteres Museum, an der zauberhaften Place Furstemberg, 15 Gehminuten vom Louvre entfernt. Hier wohnte und arbeitete der Meister, und sein Atelier ist ein eindrucksvolles Zeugnis dieser schöpferischen Epoche.

Ein Besuchermagnet ist auch die »Venus von Milo« im Sully-Flügel, die aus Marmor gehauene Aphrodite in strahlender Anmut. Veroneses »Die Hochzeit zu Kana« ist das größte Gemälde im Louvre. Genauso beeindruckend wie Jan Vermeers »Die Spitzenklöpplerin« im Richelieu-Flügel.

Aber es gibt auch die stillen Gänge, jene etwa, in denen die islamische Kunst ausgestellt ist, Skulpturen aus dem Nahen Osten, Waffen und alte Wandteppiche oder die Gemächer von Napoléon im Richelieu-Flügel. Schließlich ist der Louvre im 12. Jahrhundert als Königspalast erbaut worden, und auch Napoléon III. wollte gerne seine Wohnung etwas repräsentativer haben als der Rest der Franzosen. Davon zeugen die goldenen Bilderrahmen, die riesigen Betten, die lange Tafel und die kostbaren Kronleuchter.

Die Nähe zur Seine wird dem Louvre übrigens immer wieder zum Verhängnis. Denn alle paar Jahre führt der Fluss Hochwasser, und dann mussten bisher in großer Eile sämtliche Kunstwerke in den gigantischen Kellern und im Erdgeschoss in Sicherheit gebracht werden. Deshalb ließen Staat und Museum im nordfranzösischen Liévin in der Nähe von Lens einen riesigen Bunker bauen. Schließlich sind die Kunstschätze nationales Kulturgut und sollen nicht nur vor Hochwasser geschützt werden, sondern auch vor einem möglichen Brand, Anschlag oder Diebstahl. In diesem Bunker sollen die Louvre-Schätze sicher sein, natürlich nur jene Werke, die nicht gerade ausgestellt werden. Der Umzug von 250 000 Kunstwerken wird voraussichtlich 2024 abgeschlossen sein.

HÄTTEN SIE'S GEWUSST

Dreimal Louvre

Ein Louvre allein reicht nicht! Weil das berühmteste Museum der Welt einfach zu viele Werke hatte und nicht alle im Keller verstauben sollten, gründeten die Macher noch zwei weitere Museen mit dem Namen Louvre, die seinen Mythos in die Welt tragen sollen: 2012 eröffnete der Louvre in Lens in Nordfrankreich seine Pforten; ein lichtes gläsernes Gebäude auf einer alten Bergwerksbrache, in dem Werke aus allen Louvre-Abteilungen gezeigt werden. Alle fünf Jahre werden sie ausgetauscht und aus Paris neue herangebracht. Seit 2017 gibt es einen Ableger des Louvre in Abu Dhabi. Vom Architekten Jean Nouvel entworfen, liegt das beeindruckende Gebäude auf der Insel Saadiyat. Für die Dauer von vorerst 30 Jahren wird der Louvre Paris immer wieder Werke in die Emirate schicken, in dieses hypermoderne Gebäude am Meer, dessen Kuppel wie der Sternenhimmel anmutet.

Louvre Paris, Lens und Abu Dhabi:

- www.louvre.fr/en/the-louvre-in-france-and-around-the-world

Ein Bahnhof für Impressionisten

Mein liebstes Museum in Paris aber ist nicht der Louvre, sondern die Hochstätte der Impressionisten: das Musée d'Orsay. Ich liebe diesen alten Gare d'Orsay mit seinen Bahnhofsuhren, von dem aus ab 1900 die Züge in den Südwesten des Landes fuhren. Die Haltestellen sind noch heute auf der Fassade eingraviert. 1945 kamen hier die Überlebenden aus den Konzentrationslagern mit Zügen an.

Die Entscheidung, den Bahnhof zum Museum zu machen, fiel in den Siebzigern, doch erst 1986 wurde das Musée d'Orsay eingeweiht, als Heimstatt für jene Künstler, die Paris im 19. Jahrhundert zur Welthauptstadt der schönen Künste gemacht hatten. Ausgestellt werden dabei vor allem jene Maler aus der Epoche zwischen 1820 und 1870. Gemälde aus der Zeit vor dem 19. Jahrhundert sind im Louvre zu bewundern, moderne Kunst hingegen zeigt das Centre Georges-Pompidou.

Während es im Erdgeschoss Sonderausstellungen und beeindruckende Skulpturen zu sehen gibt, sind die Impressionisten in der oberen Etage zu finden.

Von hier bietet sich überdies ein atemberaubender Blick über die Dächer der Stadt bis hinauf zur Basilika Sacré-Cœur.

Und hier sind sie dann endlich: van Goghs berühmtes »Selbstporträt«, Cabanels »Geburt der Venus«, Alfred Sisleys »Überschwemmung in Port-Marly« oder Renoirs »Bal du Moulin de la Galette« aus dem Jahr 1876, das ich ganz besonders liebe. Mein persönlicher Favorit, Claude Monet, ist natürlich auch vertreten. Nirgendwo sonst ist die Sammlung seiner Bilder so groß wie hier, jenes Malers, der stets zwischen Kunst und Kitsch schwebte und diese magische Grenze doch nie überschritt. Beinahe so detailgetreu wie ein Foto mutet die »Kathedrale von Rouen« an, herrlich südlich angehaucht sind seine Werke aus Ligurien und von der Côte d'Azur. Mein liebstes Werk aber ist »Das Mohnfeld bei Argenteuil« (1873) mit der Frau mit Sonnenschirm und Kind vor den rot blühenden *coquelicots*.

Wer Monet in »noch größer« sehen will, überquert erneut die Seine und besucht das Musée de l'Orangerie in den Tuilerien. Hier sind in zwei Sälen die acht gigantischen Seerosenbilder (»Nympheas«) zu bestaunen, eines ist 17 Meter breit. Beeindruckende Werke von großer Detailtreue, die den Besucher allein durch die Lichtstimmung in den Räumen sprachlos machen. 30 Jahre lang arbeitete Monet an den großformatigen Gemälden, die seinen Seerosenteich in Giverny zeigen. Er gestaltete das Museum also selbst mit, doch erst 1927 nach seinem Tod wurden die Bilder hier aufgehängt.

Herzensangelegenheiten in Sachen Kunst

Weil es so viele faszinierende Museen in Paris gibt und ich keine bloße Aufzählung machen will, nenne ich ihnen noch einige, die mir besonders am Herzen liegen: Da ist zum Beispiel das Musée Carnavalet im Marais, das sich mit der Pariser Stadtgeschichte befasst. Um die Ecke im Hôtel Salé in der Rue Thorigny lädt das Musée Picasso mit ausgewählten Exponaten aus dem persönlichen Archiv des Künstlers zum Besuch ein. Auch Picassos private Kunstsammlung mit Gemälden von Cézanne, Matisse, Miró und Modigliano ist zu sehen. Ein paar Häuser weiter beherbergt das Hôtel Donon das Musée Cognacq-Jay mit Möbeln und Kunstwerken der Sammlung jenes Ehepaares, das im Jahr 1869 das Kaufhaus La Samaritaine gegründet hat.

Die beeindruckenden Skulpturen von Auguste Rodin stellt das Musée Rodin im 7. Arrondissement aus – dabei sollten Sie unbedingt auch dem wunderschönen Garten einen Besuch abstatten. Das 2006 eröffnete moderne Musée du quai Branly hingegen widmet sich indigener und afrikanischer Kunst. Und im Musée Galliera unweit des Trocadéro erfahren die Besucher, warum Paris die Welthauptstadt der Mode ist. Jüngster Zuwachs in der Pariser Museumslandschaft ist die Pinault Collection des Unternehmers und Kunstsammlers François Pinault. Seit Mai 2021 sind Teile seiner Sammlung zeitgenössischer Kunst in der alten Bourse de commerce zu bewundern. Der imposante Bau aus dem 19. Jahrhundert wurde vom japanischen Stararchitekten Tadao Ando neu gestaltet. Im 3. Stock hat übrigens kürzlich ein spannendes Museumsrestaurant, das La Halle aux Grains, eröffnet – eine Dépendance der Starköche Michel und Sébastien Bras aus dem Messerstädtchen Laguiole.

Eine Bretonin in Paris: Soazig Le Guevel

Im Gespräch mit der Stadtführerin Soazig Le Guevel

Wer in Paris eine Touristengruppe hinter einer Frau mit Regenschirm herlaufen sieht, sollte genau hinhören, ob sich dort Deutsch mit einem herrlich französischen Akzent mischt. Dann könnte nämlich gerade Soazig Le Guevel eine ihrer beliebten Führungen anbieten. Seit vielen Jahren zeigt die gebürtige Bretonin deutschsprachigen Urlaubern ihre Stadt. Sie hat in Freiburg Germanistik studiert, viele Jahre für deutsche Unternehmen gearbeitet und irgendwann ihre Liebe zu Kultur und Geschichte zu ihrem Beruf gemacht. Ich habe Soazig Le Guevel befragt, was Besucher in Paris auf keinen Fall verpassen sollten. Ihre Stadtführungen können Sie buchen unter: www.stadtfuehrung-in-paris.com

Nach Jahren des Terrors, der Gelbwesten und Covid erlebt Paris gerade einen echten Touristenboom – woran liegt das?

Ich glaube, dass all diese Ereignisse dafür gesorgt haben, dass wir uns noch mehr wünschen, glücklich und zufrieden zu leben. Klar, der Terror hat die Stadt verändert. Und dann hat uns auch die Pandemie stark verändert, gerade die Pariser, die so gern ausgehen und ihre Freizeit wollen. Ich konnte an mir selbst und an meinen Freunden spüren, dass wir seither noch mehr unsere Freiheit schätzen und uns für sie einsetzen – genau wie wir die Kultur fördern und stärken wollen – und unsere Freundschaften. So ging es Menschen überall auf der Welt, und gerade weil Paris eben so majestätisch ist, ist das einer der meisten Gründe dafür, dass alle Welt auf einmal wieder nach Paris will.

Worauf legen Sie Wert bei Ihren Führungen, was ist Ihr Fokus?

Meine Arbeit ist es, Menschen *meine* Stadt näherzubringen, und zwar wirklich in der Tiefe. Schließlich ist Paris meine Heimat, und ich mag keine Oberflächlichkeit oder ein simples Abarbeiten von Sehenswürdigkeiten, die ohnehin jeder kennt. Ich liebe es, auf Details hinzuweisen, Dinge in einen historischen Kontext zu stellen, Anekdoten zu erzählen. Und natürlich ist es auch spannend, etwas über die Kultur meines Volkes zu erzählen, über unseren Alltag – dann ist ein wirkliches Eintauchen in eine Stadt. Mir ist es wichtig, das über Emotionen zu machen – und ich verbinde mit meiner Stadt so viele Gefühle.

Was ist Ihre liebste Sehenswürdigkeit in Paris?

Am liebsten bummle ich mit meinen Gästen stundenlang durch die historischen Viertel des alten Paris. Jedes Quartier hat seine eigene Geschichte und verdient einen Besuch von zwei, drei Stunden, denn es gibt so viel Überraschendes zu entdecken. Wenn man dann noch weiß, in welchem Haus welche bedeutende Persönlichkeit gewohnt hat, die Paris mitgeprägt hat, dann kann das echt spannend werden. Ich liebe die kleinen Parks und diese Passagen, die es in jedem Quartier gibt – winzige Straßen, in denen keine Autos fahren dürfen, wo die Anwohner Stühle und Tische draußen stehen haben und die Gäste einen Blick in echte Pariser Wohnzimmer werfen können.

Wenn man einmal die ganz großen und stark frequentierten Museen wie Louvre und Museé d'Orsay außer Acht lässt: Was wäre Ihr Museumstipp?

Wenn Sie mit mehr Ruhe und mehr Zeit große Kunstwerke entdecken wollen, empfehle ich das Petit Palais, ein architektonisches Kleinod, das zwischen dem Fluss und der Avenue des Champs-Élysées liegt. Es wurde zur Weltausstellung von 1900 eröffnet, genau wie das Grand Palais gegenüber und die wunderbare Brücke Pont Alexandre III. Es beherbergt das Museum der schönen Künste der Stadt. Wer mehr über Paris und seine Geschichte erfahren will, muss ins Musée Carnavalet, das in zwei Häusern des Marais wartet und eine wirklich reiche Kollektion bietet, von der Vorgeschichte bis heute. Beide sind staatliche Museen, deshalb ist der Eintritt für die permanente Ausstellung frei. Und dann befindet sich unter unseren Füßen, im Herzen der Stadt, noch ein archäologischer Schatz, der vielen unbekannt ist: die archäologische Krypta unter dem Vorplatz der Kathedrale Notre-Dame. 2000 Jahre Geschichte, die man an den Steinen ablesen kann.

Was ist Ihr Geheimtipp abseits der ausgetretenen touristischen Pfade in Paris?

Um Paris zu verstehen, muss man sehen, wie die echten Pariser leben. Die Quartiers der einfachen Bürger befinden sich außerhalb des Zentrums. Dort mal einen Tag zu verbringen und einfach einzutauchen in dieses Leben – das ist dann der etwas andere Paris-Aufenthalt. Im Norden empfehle ich das Viertel Batignolles und im Osten das Quartier Charonne, dort wohnen immer noch die ganz normalen Leute. Der Esprit der Stadt ist ganz anders, und man spürt die alte Geschichte der Stadt, es sind die alten Vororte aus dem Mittelalter, die nun Teil von Paris sind. Jedes Quartier hat seine Geschichte, seine eigene Architektur und seine eigenen Möglichkeiten der Freizeitgestaltung. So fühlt man sich wie in der Zeit von Émile Zola, der das Alltagsleben gerade im 19. Arrondissement in vielen seiner Werke beschrieben hat.

Was?

Pariser Museen haben Weltruf. Nachstehend eine kleine Auswahl der Museen, die Sie gesehen haben sollten.

Wo, wann und wie viel?

Musée Carnavalet

- 23, rue de Sévigné
  75003 Paris
  www.carnavalet.paris.fr
  Di–So 10–18 Uhr
  Eintritt frei
  Métro: Saint-Paul (Linie 1)

Musée Cognacq-Jay

- 8, rue Elzévir, 75003 Paris
  www.museecognacqjay.paris.fr
  Di–So 10–18 Uhr
  Dauerausstellung: Eintritt frei
  Métro: Saint-Paul (Linie 1)

Musée d'Orsay

- 1, rue de la Légion d'Honneur
  75007 Paris
  www.musee-orsay.fr/de
  Di–So 9.30–18, Do bis 21.45 Uhr
  14 €, erm. 11 €
  Métro: Solférino (Linie 12)

Musée de l'Orangerie

- Jardin des Tuileries
75001 Paris
www.musee-orangerie.fr
Mi–Mo 9–18, Fr bis 21 Uhr
12,50 €, erm. 10 €
Métro: Concorde, Jardin des Tuileries, Place de la Concorde (Linien 1, 8, 12)

Musée du Louvre

- 75001 Paris (Haupteingang: Pyramide)
www.louvre.fr
Mi–Mo 9–18, Fr bis 21.45 Uhr
15/17 €
Métro: Palais Royal-Musée du Louvre, Pyramides (Linien 1, 7, 14)

Musée Galliera

- 10, avenue Pierre 1er-de-Serbie
75116 Paris
www.palaisgalliera.paris.fr
Di–So 10–18, Do bis 21 Uhr
15 €, erm. 13 €
Métro: Boissière (Linie 9)

Musée national Eugène Delacroix

- 6, rue de Furstemberg
75006 Paris
www.musee-delacroix.fr
Mi–Mo 9.30–17.30 Uhr
7 € (in Kombination mit Louvre 17 €)
Métro: Saint-Germain-des-Prés (Linie 4)

Musée Picasso

- 5, rue de Thorigny
75003 Paris
www.museepicassoparis.fr
Di–Fr 10.30–18, Sa, So ab 9.30 Uhr
14 €, erm. 11 €
Métro: Saint-Paul (Linie 1)

Musée Rodin

- 77, rue de Varenne
75007 Paris
www.musee-rodin.fr
Di–So 10–18.30 Uhr
13 €
Métro: Varenne (Linie 13)

Petit Palais

- Avenue Winston Churchill
75008 Paris
www.petitpalais.paris.fr
Di–So 10–18, Fr und Sa bis 20 Uhr
Dauerausstellung: Eintritt frei
Métro: Champs-Élysées–Clemenceau (Linien 1, 13)

Pinault Collection

- Bourse de la commerce, 2, rue de Viarmes
75001 Paris
www.pinaultcollection.com
Mo–So 11–19, Fr bis 21 Uhr
14 €, erm. 10 €
Restaurant: www.halleauxgrains.bras.fr
Métro: Louvre–Rivoli, Les Halles, Châtelet (Linien 1, 4, 7/11/14)

Boccia, Boule, Pétanque: drei Namen für ein Spiel, das in Frankreich einen hohen Stellenwert genießt

8

Die seltsamen Hobbys der Pariser

**Rugby & Boule,
Tango im Mondlicht und der
Odeur von Pferdeäpfeln**

Pferde, Tango, fliegende Kugeln

Das Leben in Paris ist laut und hektisch. Da hilft es, wenn nach der Arbeit etwas Schönes auf einen wartet. Klar, es gibt viele Bars und Restaurants, aber die Pariser haben noch ganz andere Ziele: draußen in der Natur – mit Hobbys, die es in dieser Ausprägung vermutlich nur an der Seine gibt.

Es ist nicht zu glauben. Da sitzt man auf dieser Tribüne und fühlt sich plötzlich, als befände man sich unweit eines englischen Landsitzes: Natur pur, sattgrüne Wiesen, die Vögel zwitschern, und die Luft ist kristallklar. Nur, dass da vorne unverkennbar der Eiffelturm steht, höchstens zwei Kilometer Luftlinie entfernt.

Bienvenue im Hippodrome von Auteuil. Hippodrome? Genau. Klar erkennbar daran, dass auf einmal Hufe vorbeifliegen und der Matsch nur so spritzt.

20 Minuten zuvor bin ich aus dem Wagen gestiegen, natürlich hätte ich auch die Métro nehmen können, an der Haltestelle Porte d'Auteuil hält die Linie 10. Dann bin ich über den kleinen Weg gelaufen, über den die Stadt allmählich zur Landschaft wird. Auf dem großen Parkplatz dann unverkennbar die Zeichen für diesen Sport: Dutzende Citroën HY, diese alten Lieferwagen aus den Siebzigern mit den aufgesetzten Scheinwerfern, an denen die Pferdewagen hingen. Direkt dahinter befindet sich das große Tor, die Eingangsschalter mit der Preistafel: drei Euro an Wochentagen. Wo gibt's das sonst in Paris? Für drei Euro lässt sich hier wunderbar der ganze Tag verbringen.

Hier – das ist das Herz des französischen Pferdesports: Im Hippodrome von Auteuil wirkt alles gleichzeitig patiniert, altehrwürdig und andererseits sportlich-zeitlos: die weißen Zäune, die die Wege für die Pferde von jenen für die Besucher abgrenzen. Das perfekt gemähte Gras auf der Wiese vor den Gebäuden: zwei riesige lang gezogene Bauten, die auf die Rennstrecke weisen, dort sind die Tribünen, Etage für Etage mit Sitzbänken, alle in Weiß gestrichen, an denen sich die Besucher und Zuschauer sammeln. An einem Wochentag sind das keineswegs Tausende, oh nein, es sind vielleicht fünf Dutzend, die sich auf den Bänken

Eldorado für Pferdenarren und Wettfreunde: das Hippodrome d'Auteuil

verlieren. Auf der anderen Seite des Gebäudes befanden sich hier früher im Erdgeschoss kleine verglaste Kabinen mit kreisrunden Sprechfenstern. *Guichet* stand an jeder Kabine und Schilder, die noch heute darauf hinweisen, dass genau hier früher gewettet wurde – heute sind die Wettschalter ins Innere des Gebäudes verlegt worden, bestimmt damit sich die Angestellten nicht ständig erkälten – hier wird schließlich sommers und winters gewettet.

Nicht nur hier – jeder Franzose kennt die vielen Cafés und Bars landauf, landab, mit ihren grünen Markisen und Schaltern und dem Logo der PMU, der größten Wettgesellschaft des Landes. Zehn Milliarden Euro nimmt die Firma ein, fast ausschließlich mit Pferdewetten – ein bisschen Poker ist auch noch dabei. Aber Pferderennen sind eben doch die große Leidenschaft der Franzosen, weltweit gibt es keine vergleichbaren Umsätze.

Und wenn die Wettteilnehmer dann in Lyon, Nizza oder Lille auf die Bildschirme starren, können die Besucher hier in Auteuil live dabei sein, wenn das Rennen startet.

Paradies für Wettfreunde

Nicht nur in Auteuil, Paris hat gleich nebenan noch das Hippodrome von Longchamp zu bieten, Saint-Cloud hat auch noch eines, und östlich der Stadt gibt es eine Pferderennbahn in Vincennes. Eine echte Pferdemetropole. Und täglich ist irgendwo anders etwas los – Wettfreunde müssen keinen Tag der Woche ohne Rennen bleiben, und an jedem Renntag finden ja auch gleich mehrere statt, nacheinander im Stundentakt. Apropos Wettfreunde: Noch nie habe ich so viele typische Franzosen vorgefunden wie an einem Wetttag in Auteuil. Hier gibt es sie noch, die alten Männer mit Oberlippenbart und grauem Haar, eine kleine Brille auf der Nase, die Tageszeitung unterm Arm, mancher trägt sogar Baskenmütze, die Gitanes oder Gauloises steckt im Mundwinkel, und in der Pause wird zum Weinstand geschielt – es klingt wie ein Klischee, ist aber die pure Alltagswahrheit an der Pferderennbahn.

Leidenschaftlich und engagiert sind sie auch, das hier ist ihr Sport, hier kennen sie sich aus: Die Experten schauen sich nicht nur die Rennen an, nein, weit gefehlt. Sie machen eine echte Wissenschaft aus ihrem Métier, haben kleine Notizblöcke dabei und gehen ganz selbstverständlich vor jedem Rennen herüber zum Rund, wo die Pferde vor-

Im Rennfieber: Man kann das Stampfen der Hufe im Sand förmlich spüren …

gestellt werden, und geben ihre Kommentare ab. »Wie geht es der Nummer 8?« – »Ist die 10 wirklich nicht gut drauf?« – »Oh, der Favorit sieht aber müde aus.«

Es ist so ein fachmännisches Getuschel und Getue, dass schon das Zuschauen und Zuhören eine wahre Freude ist.

Verführerischer Stallgeruch

Die Stimmung in dem Rondell ist wirklich ländlich: Der Geruch von Heu und Stroh liegt in der Luft, der scharfe Odeur von Pferdeäpfeln. Ein paar Meter weiter stehen die Boxen, in denen die Pferde auf ihre Rennen warten, man hört das Schnauben und das Scharren der Hufe. Die Kabinen der Jockeys sind gegenüber. Nur das Schnarren der Lautsprecheranlage stört die Idylle: Der Sprecher kündigt nun die Pferde für das erste Rennen an, dann werden sie von ihren Stallburschen durch die Manege geführt: Wunderschöne Rennpferde, braun oder schwarz, sogar Schimmel sind dabei. Sie tragen die Farben des Stalls und ihre Rennnummer, damit bewegen sie sich drei Runden durch die Manege, bevor der Jockey mit der Hilfe des Stallburschen aufsitzt und es in Richtung Rennstrecke geht. Kurzerhand machen sich auch die Wettbesucher auf den Weg zu den Tribünen. Der Gong ertönt, dann schließen die Wettbüros, nun ist es an Pferd und Reiter.

Die Tribünen sind ausladend und riesig, an den Wänden sind Pferdeköpfe angebracht. Und vor den Zuschauern breitet sich die Strecke auf grünem Gras aus, so riesig, dass man kaum glauben kann, dass das hier noch das enge Paris ist. Doch, dort in Sichtweite beginnt die Stadt, das noble 16. Arrondissement mit seinen Bürgerhäusern, den großen Fensterfronten, die auf die Rennstrecke blicken – eine Wohnung in dieser Gegend ist unbezahlbar.

Noch einmal fasst der Sprecher die Eckdaten des Preises zusammen: Welches Alter haben die Pferde, wie lang ist der Parcours, wie viele Sprünge sind zu bewältigen, wer ist Favorit mit welcher Quote?

Erneut ertönt der Gong, kurz darauf rasselt die Klingel, und alle schauen nach links, sehen gebannt dabei zu, wie sich die Pferde in Galopp setzen, dicht an dicht.

Nichts für zartbesaitete Seelen

Es ist nicht unbedingt ein Sport für zartbesaitete Seelen, noch immer arbeiten die Jockeys heftig mit ihrer Gerte, und die Sprünge auf matschigem Untergrund sind auch nicht ohne: Da rutscht schon mal ein Pferd aus und fällt – der Reiter geht genauso spektakulär zu Boden – und alle schreien auf, doch das Pferd – gottlob – steht wieder auf und hat sich scheinbar nichts getan. Gelaufen ist das Rennen dennoch.

Das Adrenalin liegt kurz vor Schluss regelrecht in der Luft. Es ist unglaublich spannend zu verfolgen, wie schnell und dennoch grazil die Pferde nach vorne preschen, die gereckten Köpfe, die Nüstern, das Atmen, das bis hier oben zu hören ist. Die Hufe dreschen auf das Gras ein, die Nummer 6, der Favorit, liegt an zweiter Position. Gleich darauf sind sie auf der Gegengerade, die vorletzte Kurve wartet, die lang gezogene Linie, die Kamera fährt auf der Mittelspur voran – alle Rennen in Frankreich werden live in die vielen Wettbüros übertragen.

Und allen auf der Tribüne stehen mittlerweile die Münder offen. Denn es geht um viel. Nicht wenige der professionellen Wetter verdienen ihren Lebensunterhalt mit den Rennen – die Besten um die 10 000 Euro pro Monat. Denn anders als im Casino gewinnt hier am Ende nicht immer die Bank, sondern tatsächlich der, der sich am besten auskennt.

Die Anzahl und Art der Wetten ist mannigfaltig und für den Laien kaum verständlich: Man kann auf den Ersten wetten, *bien sûr*, aber auch darauf, wer die ersten vier sind, die richtig Verrückten wetten auf die genauen Platzierungen – da ist der Gewinn am höchsten. In jedem Fall macht es Spaß, einfach mal zehn Euro auf den Tresen zu legen und damit herumzuwetten – dann ist die Anspannung auf der Tribüne einfach noch einen Tick größer.

Wenn die Pferde dann auf der Zielgerade sind, Kopf an Kopf einlaufen, reißen einige Zuschauer die Arme hoch und andere fluchen. So ist das im Rennsport, nicht alle können richtig liegen.

Genau in der Mitte der Anlage steht das Haus der Stallbesitzer, da verfolgen sie das Rennen, stehen obenauf und trinken Champagner. Dem

Sieger wird gratuliert. Ein Siegpferd verdient locker 20 000 Euro, bei großen Preisen auch 60 000, manchmal sogar 100 000 Euro. Es ist ein lukratives Geschäft. Und ein sehr spannendes. Nach dem Rennen reiten die Jockeys zurück zu den Boxen, der Sieger wird bejubelt, sie alle – Pferde und Reiter – sind bespritzt mit dem Schlamm der Rennstrecke, es bleibt ein dreckiger Sport, aber auch ein sehr einträglicher.

Ins Spiel vertieft: Senioren beim Boule

Nationalsport Boule

Die Männer im Invalidenpark mögen es etwas geruhsamer. Auch wenn sie nicht einen Deut weniger ambitioniert sind. Der älteste hat verblüffende Ähnlichkeit mit Ernest Hemingway, er sieht tatsächlich so aus, wie man sich den Schriftsteller vorstellen würde, hätte er nicht sein zu frühes Ende genommen. Sein zahnloses Lachen ist verschmitzt, und es fällt etwas schwer, ihn zu verstehen, kann aber auch daran liegen, dass man sein Alter nicht glauben kann: 96 Jahre alt ist er und kommt jeden Tag hierher in den Park, um mit seinem Club zu spielen: dem Petanque Club des Invalides, dem ältesten Boule-Club der Stadt. Nicht nur der Club ist bejahrt, seine Spieler sind es auch.

Alle hier sind mindestens 50, die meisten weit über 70. Sie haben Zeit, sich zu treffen, gern schon am Nachmittag, wenn das Blätterdach der Bäume im Park die Sonne abschirmt und es zwischen den grünen Bänken lauschig und kühl ist. So lässt es sich aushalten. Und es braucht auch einen kühlen Kopf für dieses Hobby, bei dem es auf Genauigkeit, auf Treffsicherheit, ja, auf kaltes Blut ankommt.

Boule, Pétanque, Boccia – so viele Namen gibt es für diesen Sport – und Frankreich ist ohne Zweifel sein Heimatland. Wie sich die einzelnen Spiele voneinander abgrenzen lassen, mag an dieser Stelle nicht ganz so wichtig sein, die Regelunterschiede sind winzig – auch wenn mich Südfranzosen für diese Aussage verkloppen würden.

In jedem Fall geht es um eine kleine Holzkugel, die sogenannte Zielkugel, *cochonnet*, also Schweinchen, genannt. Die wird von einem Spieler platziert, und alle anderen müssen dann mit ihren metallischen, deutlich größeren Wettkampfkugeln versuchen, sehr nah an diese Kugel heranzukommen. Vermutlich kennen Sie die Regeln, auch in Deutschland erfreut sich Boule großer Beliebtheit – aber ich erkläre sie trotzdem mal.

Und das geht dann über sehr viele Runden – manchmal spielen sie im Invalidenpark, bis die Sonne untergeht. Dann wird auch noch eine Flasche Weißwein geköpft.

Es ist nicht nur ein Spiel, sondern eine Leidenschaft. Weil sich die alten Herren nicht mehr ständig nach den Kugeln bücken können, haben sie kleine Magneten, mit denen sie sie aufheben.

Doch wenn sie dann in dieser unverwechselbaren Haltung am Wurfpunkt stehen, sind sie auf einmal wieder ganz jung.

Dann wird sich vorgebeugt, gezielt und geworfen. Klong.

Bei meiner Charakterstudie der Mitspieler schälten sich verschiedene Persönlichkeiten heraus: Es gibt den Pedanten, der stets versucht, sehr nah an die Holzkugel zu kommen, möglichst dicht an dicht. Es gibt den Taktiker, der mit der zweiten Kugel versucht, Barrieren vor seine erste zu bauen oder möglichst viele Punkte abzusahnen, indem er einfach nur näher liegt als die Konkurrenzkugel. Und es gibt den Zerstörer, der zwar die Holzkugel nicht genau trifft, dafür aber in jedem – und ich meine wirklich jedem - einzelnen Wurf eine Kugel eines Mitspielers. Bei diesem Klong springt die gegnerische Kugel dann von dannen ins Boule-Nirwana – zur Freude des Zerstörers, der nun viel näher dran liegt. Es ist ganz und gar faszinierend, wie zielsicher diese alten Spieler sind.

Einmal war ich sogar bei einer Boule-Weltmeisterschaft in Cagnes-sur-Mer, das ist oberhalb von Nizza an der Côte d'Azur, ein herrliches Städtchen, doch weil die Straßen im Bergviertel so abschüssig sind, dass die Kugeln gleich unten ins Meer rollen würden, spielen sie dort mit eckigen Kugeln – den *boules carrées* – und zwar einmal im Jahr gleich eine WM. Es ist sehr lustig – aber natürlich purer Zufall, weil die Kugeln, die hier Würfel sind, einfach auf der abschüssigen Straße weiterbollern. Und weil die Teilnehmer schon am Vormittag viel zu viel Pastis trinken.

In Paris sind die Kugeln schön rund und vor allem: Sie werden zielgenau versenkt. Nach jeder Runde kommen die Männer zusammen, diskutieren, wer näher dran liegt, bei ganz strittigen Fragen wird sogar gemessen. Hier muss alles seine Ordnung haben.

Neben dem Spiel wird auch reichlich diskutiert: über die vielen Touristen, die gestiegenen Gaspreise, aber auch über den Präsidenten. Boule bleibt ein Spiel der Leute, die während des Sports auch gerne noch ein Schwätzchen halten.

Tanzen und Schwimmen unterm Sternenhimmel

Geredet wird drei Kilometer weiter östlich nicht – dafür sind die Tanzenden hier viel zu atemlos. Wir sind am Quai Saint-Bernard, genau am Ufer der Seine. Und es ist an Sommerabenden schon von Weitem zu hören, dass es hier nicht nur laute Musik gibt, sondern auch vor Menschen wimmelt. Menschen aus aller Welt, die diese vier großen Einbuchtungen in der Quai-Mauer besuchen wollen. Denn an diesen lauen Sommerabenden werden diese vier Buchten zu Tanzflächen, jede einzelne für einen Tanz einer anderen Richtung: Einmal können sich Freunde des argentinischen Tangos prächtig amüsieren, in der nächsten Bucht ist es feuriger Salsa. Wieder ein paar Meter weiter sind die Gruppentänzer der französisch-keltischen Tänze mit voller Seele dabei, und es gibt auch noch Rock 'n' Roll – alles unter freiem Himmel. Besonders auffällig: Hier treffen sich ganz jung und ganz alt, und endlich vermischen sich auch mal die Pariser und die vielen Ausländer – ganz freiwillig sogar.

An Mittwoch- und an Samstagabenden gibt es hier sogar kostenfreie Tanzkurse. Es ist eine wunderbare Stimmung, weil um die Tanzbuchten herum die Zuschauer sitzen, die klatschen und staunen, während sie selbst mit Freunden den Abend verbringen, es gibt Wein, Picknick mit Käse, Salami und frischen Baguettes – auch am Ufer des Flusses würden sich die Franzosen nicht mit Fertignahrung oder Fast Food zufriedengeben.

Ein besonderer Pool

Sportlich geht es auch noch ein Stück weiter westlich zu, gegenüber der Hochhaustürme von Bercy, in denen unter anderem über Frankreichs Finanzen gewacht wird. Hier hat vor Jahren ein sehr besonderes Boot festgemacht: die Piscine Joséphine Baker. Im Schatten der nationalen Bibliothek können Pariser und Urlauber hier in einem 25-Meter-Pool ihre Bahnen ziehen, es gibt sogar ein Kinderplanschbecken. Hier zu schwimmen ist wirklich besonders: Denn zwei Meter vom Pool entfernt ist schon die Seine – so kann man beim Kraulen den Flussschiffern bei der Arbeit zuschauen und ihren Booten hinterhersehen.

Das geht im Winter – aber viel besser natürlich im Sommer, wenn das Dach des Pools geöffnet wird – dann ist die *Piscine* ein Freibad – und hat im August sogar an Wochentagen bis 23 Uhr geöffnet. Schwimmen unterm Sternenhimmel mitten in der Stadt – besser geht's wohl nicht.

Rugby – das Spiel der Gallier

Und noch ein Sporttipp zum Schluss, für den man in jeder Pariser Unterhaltung Respekt erfährt: Klar, Fußball ist toll – und ist auch im Land des Weltmeisters von 1998 und 2018 naturgemäß hochbeliebt.

Aber das echte Herz der Franzosen schlägt für Rugby. Auf einer Tribüne sagte mir mal ein Zuschauer: »Das ist ein Spiel der Gallier – hier braucht man Große, Kleine, Schnelle, sehr Dicke, um die Schnellen aufzuhalten, man braucht Kluge und Männer, die zulangen. Es ist ein Spiel der unterschiedlichen Charaktere – so wie Frankreich ein Land vieler besonderer Menschen ist.« Genauso ist es – und deshalb finden sich im Stadion beim Rugby auch alle zusammen. Das sind dann wahre Familienfeste, mit Picknick & Co., auch weil die Rugbyspiele längst nicht so kommerzialisiert sind, als wenn man eine Fußballpartie von Paris Saint-Germain besucht.

Es ist wahnsinnig packend, wie schnell das Spiel hin- und hergeht und wie sich die Spieler dabei gegenseitig umchecken, zu Boden schicken und das Ei hin- und herwerfen. Da bleibt so manchem Zuschauer der Mund offenstehen vor Spannung. Und manchmal auch vor Rätselraten. Denn die Regeln der Rugby-Union werden so oft verändert, dass selbst eingefleischte Fans nicht mitkommen. Ist aber auch egal, am Ende muss das Ei über den Balken gejagt oder über die Linie getragen werden.

Die Pariser Mannschaft heißt Stade Français und spielt im noblen 16. Arrondissement nahe dem Prinzenpark-Stadion. Karten sind zumeist erschwinglich – ein Rugbyspiel kann also eine tolle Erfahrung sein. Auch weil der Sport ebenso körperlich ist – und dabei trotzdem fair. Wie sagte der andere Zuschauer? »Rugby ist ein Spiel für Gauner, gespielt von Gentlemen – und Fußball ist ein Spiel für Gentlemen, gespielt von Gaunern.«

HÄTTEN SIE'S GEWUSST

Bikinis Geburtsstätte

Es ist das prächtigste Schwimmbad von Paris – ein Treffpunkt für Sportverliebte, die ihre Bahnen ziehen, genau wie für die Haute Volée, die am Beckenrand die Liegen belagert. Und hier, in der Piscine Molitor am westlichen Stadtrand, erblickte die berühmteste Bademode das Licht der Welt. 1929 eröffnete Profischwimmer und Schauspiel-Tarzan Johnny Weissmüller das Bad, 17 Jahre später stellte der französische Designer Louis Réard hier seine gewagteste Kreation vor: Ein echtes Model fand er nicht, also beauftragte er die Stripperin Micheline Bernardini, seinen Bikini vorzuführen – erst war die Aufregung groß – und dann die Begeisterung.

Jahrzehntelang verfiel das Bad, wurde zum Treffpunkt der StreetArt-Szene. Nun hat Accor hier ein Designhotel eröffnet. So können nur noch Hotelgäste und Clubmitglieder das wunderschöne Schwimmbad mit dem 55-m-Außenpool besuchen, in dem man sich fühlt, als würde man mitten auf einem Kreuzfahrtschiff baden, Bullaugenfenster inklusive. Doch auch Pariser Schulkinder kommen in diesen exklusiven Genuss – dreimal pro Woche darf der Schwimmunterricht hier stattfinden – diese Auflage gab die Stadt dem Luxushotel.

Piscine Molitor (im Hôtel Molitor)

- 13, rue Nungesser et Coli
  75106 Paris
  www.molitorparis.com
  Métro: Porte de Saint-Cloud (Linie 9)

Was?

»Spielwiese« für Pferdefreunde mit Galopp- und Hindernisrennen sowie Springturnieren. Aber auch Rugby und Fußball, Musik und Tanz, Wassersport und Badevergnügen.

Wo, wann und wie viel?

PFERDESPORT

Hippodrome d'Auteuil

Auf der 33 ha großen Rennbahn, 1873 im Bois de Boulogne eröffnet, finden ausschließlich Hindernisrennen statt (250 Renntage im Jahr).

- Route des Lacs
  75016 Paris
  Infos: Tel. 33-1-40 71 47 47
  www.france-galop.com
  Geführte Besichtigung 12 €, erm. 10 €
  Métro: Porte d'Auteuil (Linie 10)

Hippodrome de Longchamp

Ebenfalls im Bois de Boulogne und 1857 auf dem Areal einer ehemaligen Abtei erbaut. Veranstaltet werden Galopprennen; jährlich wird hier der Grand Prix von Paris ausgetragen.

- 1, route des Tribunes
  75016 Paris
  www.nouveaulongchamp.com
  Führungen an jedem Rennsonntag
  Infos: Tel. 33-1-49 10 20 86
  Métro: Porte Maillot (Linie 1)

RUGBY UND FUSSBALL

Parc des Princes (Prinzenpark-Stadion)

Das Stadion bietet 49 000 Zuschauern Platz. 1897 als Radrennbahn eröffnet, wird heute hier überwiegend Rugby und Fußball gespielt. Darüber hinaus ist es das Heimstadion des Fußballclubs Paris Saint-Germain (PSG).

- 24, rue du Commandant Guilbaud
  71016 Paris
  www.psg.fr/club/parc-des-princes
  experience.psg.fr
  Geführte Besichtigung: 27,50 €
  Métro: Porte de Saint-Cloud (Linie 9)

MUSIK UND TANZ

Bateau El Alamein

Beliebtes Hausboot am südlichen Seineufer mit Cocktails, Musik und Livekonzerten.

- 10, port de la Gare
  75013 Paris
  www.bateauelalamein.com
  Tgl. 17–2 Uhr
  Métro: Quai de la Gare (Linie 6)

Quai Saint-Bernard

An Sommerabenden wird unter freiem Himmel eine flotte Sohle aufs Parkett gelegt. Getanzt wird vorwiegend Tango oder Salsa.

- Pont d'Austerlitz bis Pont de Sully
  75000 Paris

Métro: Gare d'Austerlitz (Linie 5, 10)
Am Abend, je nach Witterung

WASSERSPORT
Wo und wie viel?

Piscine Joséphine Baker
Ein Schwimmbad auf der Seine! Dieses ungewöhnliche Bad bietet ein 250 qm großes Becken mit vier Bahnen. Besonders schön im Sommer, wenn das Dach geöffnet wird. Badehaube ist Pflicht!

- Quai François Mauriac
75013 Paris
www.piscine-baker.fr
3,50 €, erm. 2 €,
Zehnerkarte 28/16 €

TIPPS

ESSEN UND TRINKEN

Wenn Sie beim Mitfiebern oder Anfeuern der kleine Hunger überkommen sollte, hier zwei Empfehlungen, wo Sie nahe der Pferderennbahn und unweit der Boule-Spieler ein schönes Plätzchen für eine Einkehr finden.

Restaurant Du Golf De Longchamp
Direkt am Hippodrom lädt das Golf-Restaurant mit köstlichen saisonalen Gerichten zu einer angenehmen und sättigenden Verweilpause im Grünen ein. Vernünftige Preise. Nur Lunch, kein Dinner!

- 61, route des Tribunes
75016 Paris
www.golfparislongchamp.fr/fr/restaurant
Mo–Fr 12–15, Sa, So bis 16 Uhr

Mon Square
Unweit des Invalidendoms, wo sich die Boule-Spieler treffen, erwartet Sie in diesem kleinen Restaurant mit Gartenterrasse eine sehr feine Küche (von Carpaccio von Jakobsmuscheln bis zu gebratenem Blumenkohl mit Hummus).

- 31, rue Saint-Dominique
75007 Paris
www.monsquarerestaurant.com
Mo–Fr 8–2, Sa, So ab 10 Uhr
Métro: École Militaire, Invalides (Linien 8, 13)

Eins, zwei, Wiegeschritt. Tango kann süchtig machen …

Die Gartenanlage von Schloss Versailles, gestaltet vom berühmten Landschaftsarchitekten André Le Nôtre

9

Traumziele entlang der Seine

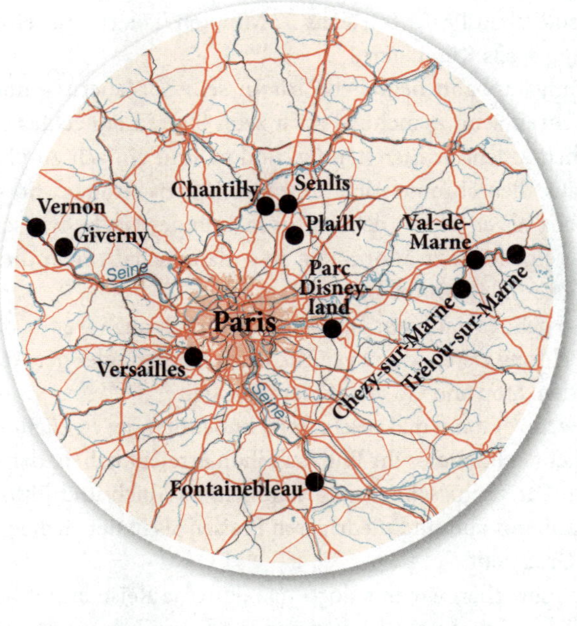

Monets zauberhafter Garten, Vision des Sonnenkönigs, Donald Duck & Co.

Hinterm Périph geht's weiter

Erst kommt der Speckgürtel, dann flaches Land. Aber flach heißt keineswegs langweilig. Ob wahre Kunstschätze, liebliche Landschaften oder ein Château zum Ausspannen – rund um Paris wird mächtig was geboten.

Die eigentliche Herausforderung ist es, die Stadt zu verlassen. Schließlich gibt es kaum einen Moment am Tag, an dem die Verkehrsanzeige an den Zufahrten zum *périphérique* einen nicht um den Verstand bringt. Wenn beispielsweise an der Porte de Bercy angeschrieben steht, dass es bis zur südlichen Porte d'Orléans 52 Minuten dauert – für eine Strecke von knapp sechs Kilometern!

Die Ringautobahn begrenzt Paris in seinen Mauern – und ist daher mit ihren acht, manchmal auch zehn Spuren ein echtes Nadelöhr. Schließlich kracht es hier ständig, und es sind einfach zu viele Pendler, die aus allen Himmelsrichtungen nach Paris strömen. So steht hier jeder mehr, als er fährt – dabei lernt man in der Nacht, wie schnell der »Périph« eigentlich zu umrunden ist – dann schafft man die 35 Kilometer locker in 40 Minuten.

Und so geht es dann am Tagesende natürlich auch weiter, ob auf der A3 in Richtung Osten, der A1 in Richtung Norden oder der A6 in Richtung Süden. Stop and Go lautet hier die Devise.

Aber wenn es dann mal geschafft ist und hinter der *banlieue* die meisten Verkehrsteilnehmer ihr Endziel schon erreicht haben, dann wird es rund um Paris sehr schnell sehr ländlich. Ländlich und pittoresk, mit klarer, sauberer Luft und niedrigeren Preisen als in der lärmenden, hektischen Großstadt.

Deshalb begeben wir uns doch mal auf eine Reise und schauen uns einige Ziele an, die in einer Entfernung von einer oder anderthalb Stunden vom Eiffelturm liegen. Wobei das sehr viel möglich macht, denn dank der französischen Bahn und ihrer unnachahmlichen Schnelligkeit und Pünktlichkeit ist man in einer Stunde auch in Metz und Reims – und in zwei Stunden sogar in Bordeaux – bei 600 Kilometern Fahrtstrecke.

Kunstwerke von zeitloser Schönheit

Beschränken wir uns hier auf Ziele, die mit dem Auto in etwa einer Stunde die Seine hinauf oder hinunter zu erreichen sind. Beginnen wir dabei mit einem meiner Favoriten: Ich liebe Monet. Der Meister der Impressionisten ist ein Chronist seiner Zeit, aber auch ein Magier, der es wie kein Zweiter verstand, die Grenze zwischen Schönheit und Kitsch stets zu streifen, aber nie zu überschreiten.

Monets Gemälde »Das Mohnfeld bei Argenteuil« ist ein solches Meisterwerk, dass es mich jedes Mal rührt, wenn ich es ansehe. Und Monets Seerosenbilder sind hypnotische Kunstwerke von zeitloser Schönheit.

Und dann ist da noch das ganz reale Meisterwerk: der Ort, an dem Claude Monet die meisten seiner Ideen auf die Leinwand bannte, und schon der Weg dorthin ist malerisch. Wir sind nämlich auf dem Weg nach Giverny im Pays du Vexin. Dieser Landstreifen, der bereits zur Normandie gehört, ist eine Hochebene, die immer wieder von den

Verwunschenes Paradies: Claude Monets farbenprächtige Oase in Giverny

Inspiration der Natur: Seerosen

Flussarmen der Seine gestreift wird. Auf den weiten Feldern grasen Kühe, und alles wirkt so fernab von Paris, dabei sind es nur 50 Kilometer.

Auf einem Plateau über dem Fluss, in den herben Kalkstein getrieben, liegt das Dörfchen Giverny. Hierher fand der Maler Monet im Jahr 1883 nur, weil er im Zug saß, auf der Bahnstrecke Paris–Rouen, und den Garten, der ihn nie wieder loslassen sollte, zum ersten Mal sah. Er mietete das Haus, das an den Garten grenzte, und den Garten verwandelte er in ein blühendes Paradies. Bald stellte er so viele Gärtner an, dass die Bauern aus der Gegend nur noch den Kopf schüttelten über den merkwürdigen Künstler aus Paris. Später kaufte er sogar noch Land dazu, dort legte er dann den Teich an, der zur Heimat für seine »Nymphéas« wurde, seine wunderschönen Seerosen, die auf den riesigen Werken des Künstlers für die Ewigkeit festgehalten wurden.

Monet hatte sein Atelier in einem Bereich des Hauses, der heute unzugänglich ist, weil dort die Büroräume seiner Stiftung untergebracht sind. Früher zeichnete er dort Tag und Nacht. Sein Haus aber ist ein Museum geworden, die Wohnräume sind so belassen wie zu der Zeit, als der Maler dort lebte – damit sind sie auch ein Stück Zeitgeschichte. In der blau gefliesten Küche stehen sogar noch die Kupfertöpfe über dem Kamin.

Überhaupt ist dieses Haus ein Kleinod: Das normannische Anwesen hat leuchtend grüne Fensterläden, die Sprossenfenster weisen in den Garten und kontrastieren wunderbar mit der in Rosa- und Cremetönen gehaltenen Fassade. Es ist so zeitlos hier, so mondän und dennoch ländlich, dass man jeden Moment erwartet, den Maler durch seinen eigenen Garten schlendern zu sehen.

Monets berühmter Garten

Der Garten – was für ein Idyll. Zu jeder Jahreszeit blüht es hier, und im Frühling explodiert die Vegetation geradezu. All die Tulpen, Rhododendren und Rosen überziehen das Anwesen mit ihrer Farbenpracht. Die Stiftung hat versucht, genau jene Pflanzen anzubauen, die schon zu Monets Zeiten hier wuchsen. Elf Gärtner arbeiten hier und kümmern sich neben den weitläufigen Anlagen auch um den Seerosenteich, der über einen schönen Spazierweg und durch einen kleinen Tunnel zu erreichen ist.

Wer hier ankommt, der braucht einen Moment, um diese Schönheit auf sich wirken zu lassen. Monet hat den Garten nach japanischem Vorbild um den Teich anlegen lassen. Übers Wasser führt eine grün gestrichene Holzbrücke. Eingerahmt wird dieser Blick von einem Weidenbaum. Monet liebte diesen Park so sehr, dass er hier mit seinen Gästen Stunden verbringen konnte.

Stunden lassen sich auch außerhalb der Fondation verbringen. Denn Giverny ist ein beschauliches Dörfchen und besonders abseits der touristischen Pfade ideal zum Entspannen. Mitten auf einem kleinen Dorfanger setze ich mich hier gerne auf eine Bank und schaue den alten Leuten in den nahen Gärten beim Werkeln zu, genieße die frische Luft der Normandie und den Blick auf die stolzen Feldsteinhäuser.

Im Ort befindet sich auch noch das Monet-Museum mit bedeutenden Werken der Impressionisten jener Zeit sowie einige schöne Restaurants und *chambres d'hôtes*, aber naturgemäß ist der Ort gerade im späten Frühling und im Sommer heillos überlaufen. Für die Museen und die Gärten bietet sich daher eine frühzeitige Buchung an.

Unweit von Giverny, am Ufer der Seine, liegt Vernon, eine hübsche kleine Gemeinde, die oft als Anlegepunkt für Flusskreuzfahrten angesteuert wird. Überhaupt setze ich mich sehr gern an die Seine oder spaziere an ihrem Ufer entlang. Weil der Fluss in weiten Kurven mäandert – und weil er eine echte Lebensader der ganzen Region ist. Hier gibt es noch echte Flussschiffer, die teilweise auf ihren Kähnen leben, Hund, Frau und Auto mit an Bord haben. Spätestens in Rouen auf dem Weg in Richtung Mündung wird klar: Die Seine ist nicht nur eine Touristenattraktion, sondern auch ein Wirtschaftsfaktor. Die große Hafenanlage zeugt davon.

Das Schloss der Schlösser

Nach Schiffsdiesel und Schüttkränen reisen wir nun ein Stück weiter nach Süden, zu einer Anlage, die so bekannt ist, dass sich Werbung eigentlich erübrigt.

Es ist das berühmteste Schloss der Welt und ein Name, dem die Romantik schon beim Klang entweicht: Versailles.

Das Château, dessen Ausmaße so gewaltig sind, dass es zwar Vorbild für so viele europäische Schlösser, in Schönheit und Wirkung aber nicht kopierbar war, begann als kleine Jagdhütte in einem echten Kaff. Denn Versailles stammt vom Wort *versare*, das so viel wie »umgraben« bedeutet. Die florentinische Familie Gondi hatte hier kleinere Besitztümer, in denen Louis XIII. bei seinen Jagdausflügen gerne nächtigte. Nun ja, zu gerne wohl nicht, denn bald ließ er sich selbst ein Schlösschen bauen, das in seinen Ausmaßen nichts mit dem Prunk zu tun hatte, der dann ein paar Jahrzehnte später entstand. Nämlich, als sich sein Sohn Louis XIV. ab 1661 von den bedeutendsten Baumeistern seiner Zeit Versailles errichten ließ – gemeinsam mit der prächtigen Gartenanlage, die André Le Nôtre schuf – und damit den wohl bedeutendsten Barockgarten seiner Zeit.

Versailles ist das Schloss zum König – denn »Sonnenkönig« hieß der vierzehnte Ludwig wohl erst, weil Versailles so viel Protz und Gloria war – mit all dem Gold, den prachtvoll ausgestatteten Innenräumen, der *parterre d'eau*, dem riesigen Brunnen vor dem Schloss und den anderen Wasserspielen in den Gartenanlagen, die sich einmal quer durch die Stadt ziehen.

Ich hielt mich immer sehr gerne in Versailles auf, auch wenn ich das Schloss selbst nur selten besuchte. Es gibt stets lange Schlangen, schließlich beherbergt es neben den einstigen Königssälen auch noch das Museum der französischen Geschichte. Und ich schlendere im schönsten Sonnenschein eben lieber durch Gärten als durch Räume voller Blattgold.

Lust aufs Lustschloss? Grand Trianon

Auch wenn die wahnsinnig beeindruckend sind. Allen voran die Spiegelgalerie mit ihren goldenen Skulpturen, den Kronleuchtern und den imposanten Deckengemälden. All die Prunkgemächer der Könige sind gut erhalten und bieten einen Eindruck von diesem Leben im Glanze des Barock, aber sie erklären auch, warum die Franzosen ihre oberen Eintausend damals mit Schimpf und Schande vom Hof jagten – sie während der Revolution sogar töteten – und warum sie bis heute auf allzu viel Prunk immer noch allergisch reagieren, wie zuletzt Nicolas Sarkozy, der Bling-Bling-Präsident, schmerzlich erfahren musste.

Kurzum: Drinnen ist es beeindruckend, ich flaniere trotzdem lieber draußen. Zudem sind *les jardins* kostenlos zu besuchen, und ich sitze sehr gerne am späten Nachmittag am Apollo-Brunnen, das Schloss in der Ferne, und irgendjemand hat eine Flasche Wein dabei. Das kann dann ein epischer Abend werden.

Besonders im Sommer an Dienstagen, Freitagen und am Wochenende, wenn die *Grandes Eaux Musicales* locken, an diesen Tagen kosten die Gärten dann doch Eintritt, aber es lohnt sich: Dann sind alle Brunnen eingeschaltet, es gibt musikalische Untermalungen, an Samstagabenden wird zum Abschluss ein riesiges Feuerwerk veranstaltet, das von Zehntausenden verfolgt wird – fulminant und unvergesslich.

Wer sich das Schloss sparen will, aber trotzdem auf ein wenig barocken Pomp hofft, der besucht einfach das Damenschloss Petit Trianon, das im Park liegt und erst für Madame Pompadour, die Mätresse von Louis XV., errichtet wurde, anschließend aber Marie-Antoinette gehörte, bis zu ihrem unseligen Tod unter der Guillotine.

Im Wald von Fontainebleau

Reisen wir weiter nach Südosten, nach Fontainebleau. Auch in dieser Stadt wartet ein beeindruckendes Schloss, vor allem aber gibt es den Fôret de Fontainebleau. Während die meisten Vorstädte von Paris eng bebaute Betonwüsten sind, lässt sich hier herrlich durchatmen.

Wenn ich meine jungen Kollegen damals fragte, was sie am Wochenende vorhatten, war die Antwort allzu oft: Fontainebleau. Was denn all die jungen Pariser in einem der größten zusammenhängenden Waldgebiete Europas wollten, fragte ich mich. Stundenlange Spaziergänge erschienen mir mit Ende zwanzig als deutlich zu langweilig.

Doch im Fôret de Fontainebleau liegt die Wiege des Boulderns, jener Klettersportart also, die in ganz Europa seit Jahren Fans gewinnt. In den riesigen Wäldern befinden sich gewaltige Sandsteinvorkommen – beinahe jeder Pflasterstein im Zentrum des Haussmann'schen Paris stammt von hier. Und bis heute stehen anmutig geformte Sandsteine in diesem dichten Wald, die am Wochenende über und über mit Kletterern besetzt sind. Schon um 1900 wurde hier gebouldert, mittlerweile gibt

Der Wald von Fontainebleau war um das Jahr 1900 die Wiege des Bouldern.

es sehr gut ausgebaute Boulderpfade, bei denen die Kletterer oft über Stunden nicht den Boden berühren müssen, sondern sich von Fels zu Fels hangeln.

Vergnügungspark für Kids

Westlich von Paris liegt die Attraktion, die Kinder noch vor dem Eiffelturm nach Paris zieht: das Disneyland. 1992 eröffnet, sind inzwischen bald schon 330 Millionen Besucher hier gewesen. Ich war auch schon mehrfach da und hatte nach einigen Stunden vor allem eins: Kopfschmerzen. Aber für Kinder ist es natürlich ein besonders faszinierender Park mit vielen tollen Fahrgeschäften und mit all den Helden der Disney-Welt. Ungleich französischer wird es 30 Kilometer weiter nördlich: Im Parc Astérix wird den Galliern gehuldigt. Auch hier gibt es Achterbahnen, Shows und den Wald von Idefix, der sich mit kindgerechten Attraktionen dem Hund von Asterix verschrieben hat.

Im Reich der königlichen Schaumweine

Wenn wir uns weiter gen Westen bewegen, schafft man es auch in einer guten Stunde bis in eines der bedeutendsten Weingebiete der Welt – der Champagne. Denn man muss gar nicht bis Reims oder Épernay fahren. Schon im Tal der Marne beginnt das legendäre Anbaugebiet, in dem die Châteaus zu einer Kostprobe der Königin aller Schaumweine einladen, der nur hier Champagner heißen darf.

Bereits südlich von Château-Thierry erstrecken sich ausgedehnte Weinfelder, auf denen vor allem die Rebsorten Pinot Meunier und Pinot Noir angebaut werden. Rund 5500 Champagnerkellereien haben sich hier angesiedelt – es sind nicht die ganz großen Namen, dafür aber keltern sie stimmige und kraftvolle Champagner der niedrigeren Preisklassen.

Der Clou: Viele Häuser bieten täglich Verkostungen sowie Besichtigungen der Weinkeller und Abfüllanlagen an. Eine Voranmeldung ist immer ratsam. Die Champagnersorten, die hier schon ab 18 oder 20 Euro beginnen, können direkt gekauft werden, die Häuser verschicken sie aber auch. Sehr zu empfehlen sind zum Beispiel Champagne De Rekeneire-Petit und Bruno Berjot in Chezy-sur-Marne sowie Champagne Tristan H in Trélou-sur-Marne.

Mittelalter, alte Meister und Rassepferde

Ganz im Norden liegen noch zwei Städte, die mir beide ans Herz gewachsen sind. Weil sie einfach in 45 Minuten vom Stadtzentrum aus zu erreichen sind und weil es sich dort so anfühlt, als sei man ganz weit draußen – in irgendeiner entlegenen französischen Kleinstadt.

Da ist einmal Senlis, eine sagenhafte historische Stadt mit viel mittelalterlichem Flair. Es gibt eine steinerne Stadtmauer, altes Kopfsteinpflaster, und an jedem Haus sind Lampen angebracht, die wie Gaslaternen aussehen. Abends, wenn es geregnet hat, ist dieses Pflaster zwar recht rutschig, aber es versetzt einen auch in ein längst vergangenes Jahrhundert. Die gallorömische Stadtmauer und Teile der Innenstadt stammen aus dem 15. Jahrhundert und sind sehr gut erhalten, die gotische Kathedrale Notre-Dame aus dem 12. Jahrhundert überragt die Stadt.

Gemütliche Cafés und kleine Bistrots verlocken zum Besuch, und an jeder Ecke ist zu spüren, dass man hier bereits in der Picardie ist. Paris ist zwar noch ganz nah, und doch geht alles viel gemächlicher zu.

Die Menschen hier sind Grundbesitzer, haben Landgüter oder sind im Pferdesport tätig.

Direkt im Zentrum, in einem alten Schloss – dem Castel Écossais – bietet ein gepflegtes *chambre d'hôte* Fremdenzimmer an. Komfortable Himmelbetten und moderne Bäder inklusive.

Noch mondäner geht es zehn Kilometer weiter westlich zu. Dort liegt Chantilly. Umgeben von einem riesigen Wald aus Eichen und Rotbuchen nimmt sich die Gemeinde wie ein kleines Versailles aus. Wer durch die Porte de Saint-Denis in die Stadt kommt, entdeckt augenblicklich das stattliche Schloss – ein imposanter Anblick mit seinen Türmen und der idyllischen Lage an einem großen See. Das Château zieht alljährlich eine Viertelmillion Besucher an: Ein Grund dafür ist das Musée Condé, eines der bedeutendsten Häuser für französische Malerei. Die berühmte Kunstsammlung ist eine Schenkung des Duc d'Aumale, allerdings mit der Auflage verbunden, dass die Gemälde, Zeichnungen und Handschriften nicht verliehen werden dürfen, sondern ausschließlich in Chantilly zu besichtigen sind.

Schloss Chantilly: ein Besuchermagnet, auch wegen der berühmten Kunstsammlung

Chantilly ist viel jünger als Senlis, dafür aber viel reicher. Hierher zog es die Pariser, die nicht an die Côte d'Azur wollten, zur Sommerfrische. Auch, weil die Stadt mit der Ankunft zahlreicher Engländer zum wichtigsten Zentrum des Pferdesports im ganzen Land wurde. In den rund 100 Ställen leben hier das ganze Jahr 3000 Pferde. Es gibt etwa 2000 Arbeitsplätze, die direkt von der Pferdezucht abhängen. In den Wäldern rund um die Pferderennbahn – Hippodrome – gibt es verschiedene Trainingsgebiete.

Ich gehe sehr gerne zu den Rennen in Chantilly. Weil es hier riesige Volksfeste sind. Kein Schaulaufen der oberen Zehntausend (na gut, ein wenig auch!), aber es ist nicht wie in England. Es ist viel demokratischer. Und auf dem Rasen sitzen Tausende Franzosen, picknicken, machen kleine Wetten und feuern die Pferde an. Erkundigen Sie sich gern vor Ihrem Aufenthalt nach Tickets, es gibt im Sommer ständig Rennen in Chantilly – und es ist eine herrliche Stadtflucht, gerade mal 40 Minuten vom Zentrum entfernt.

Was?

Zwei Schlösser, ein Herrenhaus, eine Gemäldesammlung sowie Wohnhaus und Atelier eines weltberühmten Malers.

Wo, wann und wie viel?

Château de Versailles

Der Besuch des berühmten Schlosses ist fast ein Muss! Zusätzliche Augenweide und Ohrenschmaus sind die Wasserspiele mit Musik, die jährlich von April–Okt. (Di, Sa, So) Besucher erfreuen.

- Place d'Armes
  78000 Versailles
  www.chateauversailles.fr
  April–Okt. Di–So 9–18.30 Uhr
  19,50 €, unter 26 J. frei

Collections du Musée Condé

In den Gemächern des Château de Chantilly, im 18./19. Jh. von den Fürsten von Condé bewohnt, sind Werke von Raffael, Fra Angelico und Antoine Watteau zu sehen.

- Route Pavée
  60500 Chantilly
  www.chateaudechantilly.fr/chateau
  10–18, Park bis 20 Uhr
  Tagesticket 17 €, erm. 13,50 €

Fondation Claude Monet

Haus, Garten und Seerosenteich des berühmten Impressionisten haben Berühmtheit erlangt.

- 84, rue Claude Monet
  27620 Giverny
  www.giverny.org
  April–Okt. 9.30–18 Uhr, Führung: 1,5 Std.
  Tickets ab 13 €, Kinder bis 7 J. frei

Le Castel Ecossais

Stilvoll übernachten in einem schmucken Herrenhaus, entworfen vom Architekten Viollet-le-Duc. Ruhig, hell, großzügig gestaltete Zimmer, schöner Garten.

- 1, rue de Beauvais
  60300 Senlis
  www.castelecossais.fr

Was?

Vor den Toren von Paris warten viele Freizeit- und Outdoor-Abenteuer. Besonders beliebt ist der Wald von Fontainebleau. Ein Must für Familien mit Kindern ist der Besuch in einem der beiden Vergnügungspark, in denen Micky Maus & Asterix das Sagen haben.

Wo, wann und wie viel?

Bouldern im Fôret de Fontainebleau

30 000 Routen, 270 Bouldergebiete, 280 Parcours und anspruchsvolle Sandsteinfelsen warten auf Kletterfreaks. Schwierigkeitsgrade aller Art. Für den Einstieg ideal: La Roche aux Sabots.

- Bois Rond Boulder Parking
  77123 Noisy-sur-École
  www.fontainebleau-tourisme.com,
  bleau.info

Parc Astérix

Ein Park mit vielen Attraktionen rund um die gallischen Superhelden. Mit einer gigantischen Holzachterbahn (»Donner des Zeus«).

- 60128 Plailly
  www.parcasterix.fr
  Tgl. 10–19 Uhr
  59 €, Kinder 51 €, bis 2 J. frei

Parc Disneyland

Zwei Themenparks plus Disney Village und Golfanlage, Hotels, Restaurants, Shops. Zeit, Geduld und gute Laune mitbringen!

- Boulevard de Parc
  77700 Coupvray
  www.disneylandparis.com
  Tgl. 10–22 Uhr
  56–130 €

TIPPS

ESSEN UND TRINKEN

La Musardière

Nur 200 m von Monets Haus entfernt: erstklassige Küche, in angenehmer Atmosphäre.

- 123, rue Claude Monet
  27620 Giverny
  www.lamusardiere.fr

La Régalade

Der katalanische Küchenchef verwöhnt mit anspruchsvoller Küche und edlen Tropfen. Das Ambiente ist stylish. Im Sommer lädt die ruhige Sonnenterrasse ein.

- 102, rue du Connétable
  60500 Chantilly
  www.laregaladechantilly.eatbu.com

L'écailler du château

Direkt vis-à-vis dem Schloss werden Meeresfrüchte, Fisch und Grillspezialitäten serviert. Auf Meeresfrüchte spezialisiert.

- 3, rue Royale
  77300 Fontainebleau
  www.lecaillerduchateau.fr

Le Carré

Traditionelle französische Küche in gemütlicher Atmosphäre im historischen Stadtzentrum.

- 8, rue Rougemaille
  60300 Senlis
  www.le-carre-senlis.fr/de

Les petites canailles

»Die kleinen Schurken« offerieren schmackhafte Gerichte mit saisonalen Produkten und innovativer Note, im Sommer auf der einladenden Terrasse.

- 17, rue de la Pourvoierie
  78000 Versailles
  www.lespetitescanailles.fr

Antiquitäten, Schmuck, Möbel, Trödel ...
Auf dem Marché aux Puces in Saint-Ouen
werden Flohmarktfreunde garantiert fündig.

Draußen vor der Tür

**Gefährliches Pflaster,
Menschen mit falscher Postleitzahl,
Hoffnungsschimmer am Horizont**

Echte Gangster, neues Glück – die Banlieues und die Zukunft

»Nein, also für einen Dreh in Aulnay-sous-Bois kann ich dir keine Kamera leihen, Alexander«, sagte die Producerin meiner TV-Produktionsfirma in Paris damals, und ich erinnere mich heute noch an ihre hochgezogene Augenbraue – weil sie mich tatsächlich so ansah, als sei ich verrückt geworden.

Wie konnte ich nur fragen, ob es möglich war, einen Kameramann mit Ausrüstung in diese Stadt zu verschleppen? Dabei hatte ich extra auf der Karte nachgesehen: Aulnay-sous-Bois, das sind gerade mal 15 Kilometer Luftlinie vom Eiffelturm, wenn überhaupt. 15 Kilometer vom größten Wahrzeichen der Hauptstadt entfernt – warum sollte ich da mit einem Kameramann nicht drehen dürfen?

Ich hatte ja keine Ahnung – aber gut: Ich denke, viele Menschen haben keine Ahnung, wie es in den *banlieues*, den *cités* von Paris, zugeht. Als ich es dann besser wusste, ein paar Jahre später, musste ich immer lachen, wenn deutsche Politiker von No-go-Areas in deutschen Großstädten sprachen. Ich habe überall gedreht in Deutschland, in Neukölln, in schwierigen Vierteln von Hamburg, Köln oder München. Es war manchmal etwas heikel, aber richtig gefährlich wurde es nie. Vielleicht war es etwas riskant, wenn man bei Pegida-Demos versuchte, den Unsinn der Mitbürger zu begreifen.

Explosiver Mix

Aber selbst das ist kein Vergleich: Vor zehn, fünfzehn Jahren wären Sie mit einer Kamera in den Pariser *banlieues* selbst am helllichten Tag nicht mit heiler Haut davongekommen, vielleicht wären Sie sogar ernsthaft verletzt worden. Und es ist bis heute nicht wirklich anders geworden – vielleicht in manchen Gegenden, und das dank sehr viel Arbeit von Streetworkern und Verbänden gegen Jugendkriminalität. Aber: Es bleibt *chaud* in den *quartiers sensibles* im ganzen Land. Warum ist das so? Es ist eine komplizierte Mischung: Nicht erst seit 2015

Vitry-sur-Seine: bekannt für Graffiti und Streetart, aber auch für Wein und Feigen

mussten wir leidvoll erfahren, wie viele Islamisten es in Frankreich gibt, wie viele Gefährder, wie viele Hinterhofmoscheen, die junge Leute mit wenig Bildung und viel Wut in ihre falschen Umarmungen nehmen, um sie nach getaner Indoktrinierung zu schrecklichen Taten anzuleiten. Die Grundlagen dafür finden sich nahezu immer in den *cités*, fast immer in Familienverbünden, weil sich Brüder, Cousins, Neffen besser gegenseitig decken und nicht Gefahr laufen, sich selbst zu verraten.

Die Vorstädte sind auch deshalb gefährlich, weil die Kids von hier es im echten Frankreich meist nicht sehr weit bringen. Wie oft musste ich über Diskriminierungen berichten: über Muhammad, der sich bei seinem neuen Job im Callcenter als Jean ausgeben sollte, damit er seine Produkte besser verkaufte. Oder über die junge Frau aus dem Département 93, die jahrelang zu Vorstellungsgesprächen nicht mal eingeladen wurde.

Mit der falschen Postleitzahl und dem falschen Ortsnamen hat man es bis heute schwer in Paris.

Deshalb setzte die Regierung die anonyme Bewerbung durch, damit nicht schon durch den Lebenslauf klar wurde, woher jemand stammte. Am Ende kam es aber natürlich doch heraus.

Geschlossene Gesellschaft

Frankreichs Gesellschaft ist bis heute sehr elitär und hierarchisch, viel stärker als die deutsche. Es ist eine *société fermée*, eine geschlossene Gesellschaft, trotz – oder vielleicht gerade wegen der vielen Einwanderer.

Die Aufstiegschancen für die Kids aus der *banlieue* sind nach wie vor gering – klar, es gibt ein paar leuchtende Beispiele: Fernsehmoderatoren, Schriftsteller, Fußballprofis. Zinedine Zidane etwa stammt aus der härtesten *banlieue* von Marseille – ich bin mir sicher: Dass er so ausgerastet ist und dem Italiener Materazzi bei der Fußball-WM 2006 in Deutschland einen Kopfstoß verpasst hat, wäre vermutlich nicht geschehen, wenn Zidane in einem noblen Viertel von Nizza aufgewachsen wäre.

Doch immer noch ist die Jugendarbeitslosigkeit in diesen Vierteln hoch, und das Gefühl des Abgehängtseins lähmt die Bewohner. Das schnelle Geld, die begehrten Luxuslabel, die rasanten Autos sind am Ende nur über die Kriminalität zu verdienen: über Prostitution, Geldwäsche, Schutzgelderpressung und vor allem: über Drogen. Deshalb sind die *banlieues* für Journalisten weitgehend No-go-Areas – weil wir nicht sehen sollen, was dort vor sich geht. Und weil wir es nicht filmen sollen. Dafür sorgen Späher in den Vierteln – die jungen Leute kennen ihre *cité* viel besser als jeder Gast … die Einbahnstraßen und die Sackgassen, allein das kann schon für lebensgefährliche Situationen sorgen. Und Polizisten, die sich hier ohne militärische Verstärkung hineintrauen, werden aus den Hochhäusern mit allem beworfen, was sich finden lässt – auch das kann todbringend sein.

Wir haben uns immer wieder beholfen: indem wir mit Sozialarbeitern gedreht haben oder mit dem Imam der Moschee – aber selbst dann hieß es ständig: »Drehen Sie nur hier, in dem Büro, vielleicht einen Schwenk nach draußen – aber auf der Straße? Ungeschützt? Vergessen Sie's – viel zu gefährlich. Wenn gerade eine Drogenlieferung ankommt, dann kann auch ich Sie nicht mehr retten.«

Manchmal gab es auch Verletzte bei Drehs, meine liebe Kollegin und Freundin Romy Straßenburg (siehe Interview S. 168) bekam in der Vorstadt auch schon mal ein Wurfgeschoss an den Kopf.

Live dabei bei der Gentrifizierung

Hm, werden Sie sich jetzt vielleicht fragen: Aber das hier ist doch ein Reiseführer – also, warum erzählt uns der Oetker das alles – wenn wir um keinen Preis der Welt in die Pariser *banlieues* fahren sollen?

Nun, es tut sich eben doch etwas. Nicht in allen Gemeinden – aber doch in vielen. Denn Paris platzt aus allen Nähten – und weil der *Périphérique* (die Stadtautobahn) die historisch gewachsene Stadt eben in den engen Grenzen hält, aber so viele Firmen, Konzerne, Verbände Arbeitskräfte brauchen, braucht es eben auch Wohnraum – und zwar guten, in lebendigen Vierteln mit innerer Sicherheit und Infrastruktur. So konnte es gar nicht anders kommen: Seit zehn Jahren sind die *banlieues* dran bei der Gentrifizierung – und das ist auch gut so.

Werfen wir zum Beispiel einen Blick nach Pantin: Das Städtchen liegt auch in der 93 – *quatre-vingt-treize* – so heißt die Département-Zahl auf Französisch. Seine-Saint-Denis, so heißt das Département. Jeder Fran-

Spaziergänger und Jogger schätzen den Canal de l'Ourcq im Städtchen Pantin.

zose weiß, was das bedeutet: Härter geht's nicht. 2005 begannen hier die verheerenden Unruhen der *Banlieue*-Kids.

Die Bilder von in Flammen aufgehenden Autos und Häusern haben sich in die Geschichte Frankreichs eingebrannt.

Aber Pantin verändert sich, gottlob. Wie schön ist es etwa am Canal de l'Ourcq, wo sich die Stadt ihre Industrievergangenheit mit den alten Mühlen erhalten hat – und endlich ist auch das Geld da, um sie zu restaurieren, wieder aufzubauen, den Bürgern den Stolz auf ihre Gemeinde wiederzugeben. So lässt es sich mittlerweile herrlich an dem Kanal entlangflanieren, über den vor hundert Jahren die Flussschiffer ihre Waren schipperten. Kommt die Sonne an einem Samstag heraus, so fühlt man sich hier mittlerweile beinahe wie im Jardin du Luxembourg. Da geht die Jeunesse Dorée von Paris spazieren, die Hipster aus den angesagten Vierteln, aber auch die Familien, die sich wegen der günstigeren Preise in der *banlieue* niedergelassen haben, schieben ihre Kinderwagen den Quai de l'Aisne entlang.

Armut und Reichtum Tür an Tür

Im industriellen Barkomplex Dock B am Ufer fühlt man sich wie in einem Hipster-Café in Berlin. Oder der schöne Garten des Le Relais in Pantin unweit des Kanals. Hier kochen Menschen, die von der Gesellschaft ausgeschlossen waren, Kriminelle, Migranten, Langzeitarbeitslose. Das Essen ist gut, die Preise sind günstig – und es ist spannend, diese neue Mischung in den »heißen Vierteln« zu sehen. Denn dass es hier Armut und Reichtum wirklich Tür an Tür gibt, wird bei jedem Spaziergang klar: An den Ecken stehen immer noch die Dealer, vor denen man sich aber nicht fürchten muss, weil sie die Polizei und damit jeden Ärger scheuen. Aber sie sind eben da und verticken ihre Drogen, 50 Meter von der nächsten schicken Loftwohnung entfernt. Es sind Quartiere im Wandel, die Bewohner quasi live bei der Gentrifizierung dabei.

Früher hatten die Künstler sehr günstige Ateliers in Belleville oder rund um die Place de la République, manchmal betrugen die Monatsmieten hier für 200 Quadratmeter weniger als 1000 Euro – warm, versteht sich. Doch die Stadt musste im Zuge von Sparmaßnahmen – und weil recht viel Schindluder mit den günstigen Mieten getrieben wurde – umsteuern. Also mussten sich die jungen Kreativen neue Lösungen suchen.

Kunst & Krempel an der Stadtgrenze

Betonwüste mit Perspektive

Eine besonders schöne Lösung ist das POUSH in Aubervilliers. Die Vorstadt im Nordosten ist noch so eine strukturschwache Betonwüste mit jeder Menge Problemen – aber seit kurzer Zeit eben auch mit einer Perspektive – und jeder Menge Kunst. In einer alten Parfumfabrik, die inzwischen der Eiffelturm-Gesellschaft gehört, haben nun 250 Künstler für eine winzige Miete ihr Atelier – und können in den großzügigen Räumen mit Industriecharme auch Ausstellungen machen. Die Künstler müssen sich mit ihren Werken bewerben, weil der Bedarf so riesig ist – so achten die Kuratoren auf eine gute Mischung und auf spannende Trends, sodass der Besuch des POUSH ein echter Genuss für Kunstfreunde ist.

Gleich um die Ecke liegt ein weiteres kulturelles Experiment: Les Laboratoires d'Aubervilliers gibt Künstlern eine Residenz auf Zeit und veranstaltet Ausstellungen, Liederabende und andere Events.

Im nördlichen Saint-Ouen, noch so ein Brennpunkt, finden in den Mains d'Œuvres fast täglich Konzerte statt, es gibt Ausstellungen, Tanz und Theater. Hier liegt auch der weltgrößte Flohmarkt, der Marché aux Puces de Saint-Ouen, gleich an der Stadtgrenze. Der Verkehrslärm der *périphérique* ist von jedem Stand aus gut zu hören. Seit 1885 wird hier am Nordende der Stadt gehandelt – heute auf unglaublichen 12 000 Quadratmetern.

Es gibt viele Spezialisten, etwa für alte Möbel, für Kunst, aber auch für Kleidung, Schmuck und Bücher. Es geht rau zu auf diesem Markt, die Lage in der *banlieue*, das Multikulti, die Menschen aus aller Welt und ihre Geschichten prägen diesen Flohmarkt, der weniger pittoresk als eindrucksvoll ist.

Das einzige große, staatliche Museum in der *Banlieue* ist das sogenannte MAC VAL im Département Val-de-Marne. Seit 2005 befindet sich der moderne Bau in Vitry-sur-Seine. Mit 2500 Werken ist das Haus das größte Museum, das sich mit der zeitgenössischen französischen Kunst seit den 1950er-Jahren beschäftigt. Besonders schön ist im Sommer der große Museumsgarten, aus dem man stets den Blick auf die Hochhausviertel ringsum hat – das ist echte Kultur im Brennpunkt.

Die älteste Métrolinie der Stadt, die Nr. 1, die heute schon automatisch ohne Fahrer fährt – mit spektakulärem Spielzeug-Führerstand für Kinder – verbindet zwei Vorstädte, wie sie kontrastreicher nicht sein könnten: Im Osten befindet sich die Endstation Château de Vincennes.

Nur ein Stück weit hinter dem Arc de Triomphe ragen Hochhäuser in den Himmel.

Das Schloss gehört administrativ noch zur Hauptstadt, liegt aber bereits östlich des *périphérique*. Es beherbergte eines der berüchtigten Staatsgefängnisse, in dem auch der Marquis de Sade im Kerker saß. Der Wohnturm ist 52 Meter hoch, besonders beeindruckend ist die königliche Schlosskapelle mit ihren anmutigen Fensterbildern.

Architektonisches Vermächtnis

Und auf der anderen Seite der Linie 1: La Défense. Mehr Moderne geht nicht. Weil Hochhäuser im Stadtgebiet ja weitgehend verboten sind, haben die Stadtplaner all ihre kühnen Träume im Westen der Stadt in die Höhe gebaut. Die Achse von der Place de la Concorde zum Triumphbogen bekam hier ihre Verlängerung: mit der Grande Arche de la Défense. Ein gigantischer Bogen aus Granit und Beton, fast würfelförmig, dazu kommt ein weißes Sonnensegel.

Mitterrand ließ sich den modernen Triumphbogen als eines seiner architektonischen Vermächtnisse bauen, 1989 wurde er eröffnet. Heute haben sich hier private Unternehmen angesiedelt und das französische Ministerium zum ökologischen Umbau des Landes.

Zudem schrauben sich noch Dutzende andere Hochhäuser in den Himmel, die allesamt großen Konzernen als Firmensitz dienen: Total, Engie, Société Générale, Électricité de France.

Es ist beeindruckend hier, architektonisch und städtebaulich, allerdings nur tagsüber. Abends werden in dieser Bürowüste die Bürgersteige hochgeklappt.

Was es rund um Paris auch zu entdecken gibt, sind die *guingettes*. Die alten Meister des Impressionismus haben sie auf ihren Bildern verewigt: die Tanzlokale mit ihrer einzigartigen Stimmung, die etwa Renoir einfing. Dabei handelt es sich um einfache Lokale, die den ganzen Tag geöffnet sind. Früher gab es hier einen simplen Landwein aus der Region Île de France, den Guinguet. Weil die Zölle auf Alkohol in Paris viel höher waren als in den *banlieues*, fuhren die Pariser also zum günstigen Trinken hinaus in die *guingettes*. Das ist mittlerweile nicht mehr nötig – heute geht es eher um die Zerstreuung im Grünen, um die Nähe zur Natur, aber auch um den ganz einfachen Genuss. Nach einem Städtetrip im hektischen Paris kann man hier am Sonntag herrlich die Seele baumeln lassen.

Gespräch mit Romy Straßenburg zur »Pariser Parallelwelt«

Romy, du bist als ganz junge Frau nach Paris gezogen. Wie war der Anfang in der schönsten Stadt der Welt?

In den ersten Wochen und Monaten bin ich wie berauscht durch die Stadt gelaufen, habe alles aufgesogen, empfand Paris als den Nabel der Welt, als eine Stadt des Stils, des guten Geschmacks, des Luxus und gleichzeitig inspirierend, künstlerisch, poetisch, weltoffen, intellektuell. Ich mochte die Stadt in sehr intimen Momenten, wie früh am Morgen, wenn man nach einer Party am Eiffelturm vorbeifährt und denkt, man hätte ihn ganz für sich allein, oder in den großen Sommerferien, wenn die Stadt wie ausgestorben scheint, wenn man sich in einigen Wohnvierteln wie auf dem Land fühlt, auf einer Café-Terrasse sitzt, ein Buch liest, einen Espresso trinkt oder ein Glas Wein. Vor allem aber war es die Mischung aus Menschen verschiedenster Herkunft, die wie Glücksritter in der Stadt nach etwas Neuem suchen, die sich von der französischen Kultur, vom Lebensgefühl so angezogen fühlten wie ich. Und weil Paris schon immer eine Stadt war, in die Menschen aus aller Welt kommen – meist nur für einige Zeit, bis sie weiterziehen – empfand ich mich nie als Fremde, als Eindringling. Einzig die Sprache bleibt ein wichtiger Schlüssel zur Stadt und zum Land, denn

Über Romy Straßenburg

Romy Straßenburgs Herz schlägt im Takt der »Marseillaise«. 1983 in Ost-Berlin geboren, lebt sie seit 20 Jahren in Paris und ist Mittlerin der deutsch-französischen Freundschaft. Als Reporterin berichtet sie für Medien in Deutschland und der Schweiz über Politik und Gesellschaft der Grande Nation, für Arte moderiert sie das Kulturmagazin »Twist«. Sie ist Trägerin des Deutsch-Französischen Journalistenpreises – und nebenbei die beste Freundin des Autors dieses Buches.

Details zu den Restauranttipps von Romy Straßenburg finden Sie im Kapitel »C'est délicieux« auf S. 88/89.

ohne Französisch bleibt einem doch einiges von dem, was das französische Lebensgefühl ausmacht, verschlossen. Aber für den Anfang, für den Alltag, reicht es schon, wenn man ein Glas Wein bestellen und ein Croissant in der *boulangerie* kaufen kann.

Gibt es noch Vorurteile gegenüber Deutschen in Paris? Und wie werden Neuankömmlinge in der Stadt aufgenommen?

Paris war schon immer eine Stadt mit großer Anziehungskraft für Menschen aus aller Welt. Daher ist es für die Pariser keineswegs ungewöhnlich, wenn sie auf andere Nationalitäten, Sprachen, Kulturen oder Religionen treffen. Mitunter gibt es ein sehr enges Nebeneinander, nicht immer Miteinander, aber wirkliche Ablehnung wird man als Deutsche oder Deutscher nur selten antreffen. Das heißt nicht, dass keine Vorurteile, vielmehr Klischees existieren, angefangen von unserer Liebe zur Wurst über die übertriebene Pünktlichkeit und natürlich das eher spaßbefreite, zielorientierte Arbeiten. Trotzdem gibt es Deutschen gegenüber weitaus weniger Vorurteile gemessen an anderen Ausländern. Dennoch bedeutet die vermeintliche Toleranz häufig auch, dass man in Paris schlichtweg nicht sonderlich auffällt oder gar stört. Das heißt jedoch auch, dass es kein überbordendes Interesse der Pariser an Neuankömmlingen gibt und man nicht so einfach Zugang zu französischen Freundeskreisen findet, sofern man nicht durch die Arbeit oder durch seine Beziehung einen Zugang hat. Häufig bleiben Expats unter sich, ebenso wie Franzosen und Französinnen. Man sollte also nicht zu sehr darauf hoffen, sich in Windeseile einen Freundeskreis von Einheimischen aufzubauen. Tröstlich ist jedoch, dass es ja den meisten so geht, denn in einer Weltstadt wie Paris sind waschechte Pariserinnen und Pariser ja gar nicht so leicht zu finden.

Wie schwer ist es, in dieser musealen Stadt zu leben? Und ist nicht alles wahnsinnig teuer?

Paris ist eine echte Museumsstadt – toll anzusehen, herrlich für einen Besuch, aber nicht sonderlich einladend, um die Beine baumeln zu lassen und in Jogginghose um den Block zu schlendern. Vielmehr ist es eine Stadt des Sehens und Gesehenwerdens, in der man viel draußen

zur Schau stellt. Als Tourist sieht man selten, was hinter den schweren Holztüren, hinter den Gardinen und Fensterläden vor sich geht, wo die Einheimischen sich ins Private zurückziehen. Wie es sich in Paris lebt, das kann ganz unterschiedlich sein, von der winzigen Dachkammer, dem *chambre de bonne* mit Toilette auf dem Gang, bis zur hochherrschaftlichen Wohnung mit Kamin und Stuck ..., es ist eine Stadt mit drastischen Gegensätzen, was sie so anziehend, aber mitunter auch schwer erträglich macht. Vor allem, wenn man auf so wenigen Quadratmetern lebt, dann findet viel vom Leben draußen statt, in den Cafés und Bars. In den Parks, an den Ufern der Seine oder des Canal Saint-Martin – Orten, die genauso Teil des Alltags sind, aber dieses Leben kostet natürlich ungemein viel. Deswegen ist Armut an vielen Stellen sichtbar, die berühmten Clochards sind traurige Realität, und in vielen Métrostationen gibt es Menschen, die im Elend leben.
Da Paris, wenn man nur das Stadtgebiet selbst ohne das Umland betrachtet, sehr klein ist, gibt es eine immense Bevölkerungsdichte in einigen Stadtvierteln, sodass man sich ständig von Menschen umgeben fühlt. Richtig angenehm ist Paris tatsächlich nur, wenn man sich um Geld keine Sorgen zu machen braucht und wenn man hier und da Reißaus nehmen und aufs Land flüchten kann ...

Wie halten die Pariser die vielen Touristen aus?

Man entwickelt schnell einen Tunnelblick, der die Menschen um einen herum mehr oder weniger ausblendet. Man läuft mit einer Art Grundrauschen durch die Stadt, nimmt oft einzelne Menschen gar nicht wahr ..., so gilt für Pariser allgemein also, dass sie blasiert, ignorant, in sich gekehrt wirken. Dabei ist es schlichtweg ein Selbstschutz, um in dem Großstadtdschungel nicht verloren zu gehen. Darüber hinaus entwickelt man Strategien, um nicht allzu oft auf Touristen zu treffen, meidet bestimmte Gegenden, sucht sich spezifische Uhrzeiten für Erledigungen heraus, trifft sich an Orten, die weiter vom Stadtzentrum entfernt sind. Mit der Netflix Serie »Emily in Paris« wird der Hype um die Stadt – einer sehr idealisierten und hübsch gefilterten Version der Stadt – noch mal angeheizt. Bestimmte Orte wie Sacré-Cœur profitieren sehr von dem Bild, das in Filmen und Serien von Paris vermittelt

Santé! Mit Romy Straßenburg habe ich mich vor den Toren von Paris getroffen, um sie zum Thema *banlieue* zu befragen.

wird. Obwohl dieses nicht sonderlich authentisch ist, wird es weiter gepflegt, gerade weil die Besucher sich danach sehnen, vor Ort ihr ideales Paris wiederzufinden. Auch dieses pittoreske, stereotype Paris hat auf gewisse Weise einen Charme, aber am Ende des Tages muss man eben auch in dieser Stadt sein Klopapier kaufen, morgens in die überfüllte Métro steigen und zur Arbeit fahren. Man lebt also in einer Parallelwelt, und so erklärt sich auch, dass man schnell genervt von den Touristen ist und sich hier und da etwas rabiat verhält.

Heute lebst du in einer Vorstadt von Paris. Da haben wir Deutschen viele Vorurteile: Drogen, Gewalt, Gangs. Wie siehst du das?

Paris selbst misst gerade mal ein Achtel der Fläche von Berlin, das heißt, die gesamte Region um die Stadtautobahn herum ist im Prinzip wie Außenbezirke, sie grenzen direkt an die Stadt und sind – wie in meinem Fall – auch noch Teil des Métronetzes. Ich bin in einer Viertelstunde im Stadtzentrum, und wegen der Enge ziehen viele Leute irgendwann raus aus dem Zentrum. Die Mieten und Kaufpreise sind eben wesentlich erschwinglicher, und das Leben läuft ein, zwei Gänge entspannter ab. Gerade wenn man Kinder hat, wünscht man sich mehr Platz und mehr Grün als in Paris. In den Vorstädten gibt es natürlich auch einen großen Anteil an Sozialwohnungen, für deren Bewohner die wirtschaftliche und kulturelle Teilhabe in der Hauptstadt wesentlich schwieriger ist. In der Regel sind sie es, die als Putzkräfte, Verkäuferinnen oder Servicepersonal in der Gastronomie in Paris selbst schuften, die also »den Laden am Laufen halten«. Wenn nun Besserverdienende in die Vorstädte ziehen, wo viel neu- und umgebaut wird, wo ehemalige Industrieanlagen zu Lofts umgebaut werden, dann gibt es das Phänomen der Gentrifizierung. Die Quartiere werden gemischter, teurer, es eröffnen neue Geschäfte, und nicht immer ist das zum Vorteil der Alteingesessenen. In der Folge müssen viele noch weiter hinausziehen, um den Mietsteigerungen zu entkommen. Ich habe also sehr gemischte Gefühle bei dem Leben in der »Vorstadt«. Was die Kriminalität angeht, gibt es leider Strukturen in manchen Hochhaussiedlungen, die über Jahrzehnte gewachsen sind und die man nicht so einfach in den Griff bekommen kann. In der Regel jedoch gibt es Konflikte innerhalb dieses Milieus, und daher fühle ich mich keineswegs in Gefahr oder bedroht. Doch natürlich lebe ich in dem Bewusstsein, dass in unmittelbarer Nachbarschaft auch Drogen vertickt werden oder Kleinkriminalität passiert ..., aber das gilt wohl für nahezu alle Großstädte. Beunruhigend ist vielmehr, wie schwer es ist, aus diesem Milieu hinein in die Mitte der Gesellschaft und zu Anerkennung und beruflichem Erfolg zu kommen.

Wohin gehst du mit guten Freunden authentisch essen?

Für mich bleibt Les Foudres im 20. Arrondissement ein guter Kompromiss zwischen bodenständiger Brasserie und angenehmer Atmosphäre mit Leuten aus dem Viertel. Es gibt guten Wein und eine der wenigen Terrassen, die etwas Platz bieten. In der Regel ist der *café gourmand* hervorragend, und das alles auf einem völlig passablen Preisniveau. Im Sommer ist die Terrasse der Bellevilloise wunderbar. Aber weil die Gegend nicht ganz so zentral ist, kann man für ein Mittagessen auch sehr gut rund um das Carré du Temple bei République etwas finden, zum Beispiel das Croco Du Marais, oder aber einfach an einem der vielen kleinen Stände auf dem überdachten Markt Les enfants rouges im Marais essen.
Lange Zeit galten die Vorstädte auch als kulinarische Wüste, selten eröffneten Szene-Restaurants hier, weil das Publikum fehlte. Mittlerweile orientieren sich Chefs auch hinter die Stadtgrenze. So kann man zum Beispiel im Le Préau an der Grenze zwischen Pantin und Le-Pré-Saint-Gervais wunderbar essen gehen, vor allem gut lunchen. Es gibt also immer mehr Angebote, die Paris in nichts nachstehen, und in der Regel ist es auch noch einen Tick günstiger als im Zentrum.

Magst du für immer in Paris bleiben?

Ich glaube, Paris ist keine Stadt, um alt zu werden, da sie einfach sehr anstrengend und kräftezehrend ist. Insofern sehe ich mich noch eine ganze Zeit lang hier, aber mit großer Wahrscheinlichkeit nicht für den Rest des Lebens. Bei Frankreich sieht es schon anders aus. Das Leben in einem anderen Land kann ich mir zumindest heute nur schwerlich ausmalen.

Was?

Bei den *guingettes*, die seit geraumer Zeit eine Renaissance erleben, handelt es sich um einfache Ausflugslokale am Stadtrand, die man früher vorzugsweise am Wochenende besuchte. Ausgeschenkt wurde in den idyllisch im Grünen oder an Flussufern gelegenen Wirtschaften ein leichter Weißwein von der Île de France, der Guinguet.

Wo?

Chez Gégène

Auf einer Terrasse am Ufer der Marne sitzen (oder drinnen), gut essen, trinken und sich entspannen. Und wer Lust hat, kann auch noch das Tanzbein schwingen.

- 162 bis, Allée des guinguettes
  Quai de Polangis
  94340 Joinville-le-Pont
  www.chez-gegene.fr

Guingette de Neuilly

Traditionelle Küche. Das *tartare* ist ein Gedicht. Man sitzt im Sommer schön auf einer großen Terrasse an der Seine.

- 12, boulevard Georges Seurat
  9220 Neuilly-sur-Seine
  www.la-guinguette-de-neuilly.com

Guinguette des Grandes-Serres

Industrie-Chic! Ein toller Platz, um sich mit Freunden zu treffen, ein Glas Wein zu trinken und seine Füße im Wasser baumeln zu lassen. Und sich auf diesem ehemaligen Fabrikgelände umzusehen …

- 1, rue de Cheval Blanc
  93500 Pantin
  www.lesgrandesserresdepantin.com

Guinguette Île du Martin Pecheur

Klein und familiär. Die Speisenauswahl ist nicht groß, aber was auf den Teller kommt (Fleisch oder Fisch), schmeckt köstlich. Ideal für einen Sonntagsbrunch.

- 41, quai Victor Hugo
  94500 Champigny-sur-Marne
  guinguette-ile-du-martin-pecheur.business.site

La Guingette des Maquereaux

In diesem Lokal am Ufer der Marne werden Lachs, Austern, Muscheln und *crevettes* ebenso aufgetischt wie Rillettes, feine *charcuterie* oder Hummus à la chef.

- Square Tino Rossi
  Port de Plaisance
  94130 Nogent-sur-Marne
  www.lesmaquereaux.com

Was?

Im Osten von Paris lädt ein wunderschönes Schloss zum Besuch ein. Im Norden, in Aubervilliers, hat sich eine rege Kreativ- und

Chez Gégène: ein beliebtes Ausflugslokal in Joinville-le-Pont am Ufer der Marne

HÄTTEN SIE'S GEWUSST

Olympia 2024 goes Vorstadt

Es sollen die besten Olympischen Spiele der Geschichte werden. Doch nur die wenigsten Wettbewerbe finden wirklich in Paris statt. Schauplatz der meisten Wettkämpfe sind die *banlieues* von Saint-Denis, Clichy und Saint-Ouen. Hier investieren Regierung und Olympisches Komitee Milliarden – und nach den Spielen sollen die Stadien und Anlagen der Bevölkerung der Vorstädte zugute kommen. Für Olympia arbeiten die Verantwortlichen zudem daran, die Wasserqualität in Seine und Marne dramatisch zu verbessern – schließlich sollen die Schwimmwettbewerbe in den beiden Flüssen abgehalten werden.

Kunstszene etabliert. Wen die Lust auf Antiquitäten und Trödel überkommt, ist in Saint-Ouen, ebenfalls im Norden von Paris, am richtigen Ort. Und im Süden widmet sich ein 2005 eröffnetes Museum zeitgenössischer Kunst.

Wo, wann und wie viel?

Château de Vincennes

Der Wald von Vincennes diente Ludwig VII. als Jagdrevier, da ist es nicht weiter verwunderlich, dass sich der Monarch hier im 12. Jh. ein Jagdschlösschen errichten und fortan zur königlichen Residenz ausbauen ließ. Heute zählt das Château im Osten von Paris zu den bedeutendsten Schlössern im Land. Donjon und Sainte-Chapelle wurden seit den 1990er-Jahren aufwendig renoviert.

- 1, avenue de Paris
  94300 Vincennes
  www.chateau-de-vincennes.fr
  21. Mai–22. Sept. 10–18,
  23. Sept.–20. Mai 10–17 Uhr
  9,50 €, unter 18 J. frei
  Métro: Château de Vincennes (Linie 1)

Les Laboratoires d'Aubervilliers

Eine kreative Keimzelle zum Experimentieren auf Gebieten wie Visual Arts, Theater, Literatur, Tanz, Performance, Design.

- 41, rue Lécuyer
  93300 Aubervilliers
  www.leslaboratoires.org
  Mo–Fr 10–18 Uhr
  Eintritt frei (reservieren!)
  Métro: Aubervilliers–Pantin–Quatre Chemins (Linie 7)

MAC VAL
Musée d'art contemporain du Val-de-Marne
Ein Museum für zeitgenössische Kunst, das sich der französischen Kunstszene widmet: mit Dauerausstellung und jährlich drei bis vier Wechselausstellungen.
- Place de la Libération
  94407 Vitry-sur-Seine
  Tel. +33-1/43 91 64 20
  www.macval.fr
  Di–So 11–18 Uhr
  5 €, unter 26 J. und jeden
  1. So im Monat frei
  Métro/Tramway: Porte de Choisy
  (Linie 7, Tram 3a, dann T9 bis MacVal)

Marché aux Puces de Saint-Ouen
1885 eröffnet und der vermutlich älteste Flohmarkt Frankreichs. Der weltweit größte, mit 15 Teilmärkten und über 3000 Ständen auf einem Areal von 12 000 qm ist er allemal.
- 110, rue de Rosiers
  93400 Saint-Ouen-sur-Seine
  www.pucesdeparissaintouen.com
  Sa, So, Mo 10–13 und 14–17.30 Uhr
  Métro: Porte de Clignancourt
  (Linie 4), von hier 10 Min. zu Fuß

POUSH
Ein riesiger Kunst-Campus, unter dessen Dach sich 250 Kreative niedergelassen haben. Mit Ausstellungen, Installationen und Performances.
- 153, avenue Jean Jaurès
  93300 Aubervilliers
  poush.fr
  Métro: Aubervilliers–Pantin–Quatre Chemins (Linie 7)

Skulptur des Künstlers Jean Dubuffet im zeitgenössischen Museum MAC VAL

Auch das ist Paris: Blick vom Bois de Boulogne auf die Wolkenkratzer des modernen Quartiers La Défense im Westen

Und noch mehr Paris

Das lohnt sich außerdem

Sie haben nun meine Lieblingsorte in Paris und Umgebung kennengelernt. Darüber hinaus ist Paris jedoch noch für weitere Sehenswürdigkeiten bekannt, die Sie nicht verpassen sollten.

BOIS DE BOULOGNE

Die grüne Lunge der Stadt findet sich ganz im Westen an der Stadtgrenze – der Bois de Boulogne ist ein Park der Superlative. Zweieinhalbmal so groß wie der Central Park in New York, zieht er an warmen Frühlingswochenenden die erholungssüchtigen Pariser an – die auf dem See Boot fahren, die Grande Cascade bestaunen, den künstlichen Wasserfall oder im Jardin d'Acclimatation mit ihren Kindern spielen. Mit der Fondation Louis Vuitton besitzt der Bois de Boulogne mittlerweile auch ein Museum von Weltruf. Das vom Architekten Frank Gehry erbaute Gebäude zeigt Ausstellungen von Künstlern des 20. Jahrhunderts.

- 75016 Paris
  www.jardindacclimation.fr
  Métro: Les Sablons, Porte Dauphine, Porte d'Auteuil (Linien 1, 2, 9)

LES BOUQUINISTES

Die grünen Kästen am Ufer der Seine sind weltbekannt, hier sind wirkliche Raritäten zu finden: Die über 200 Bouquinisten sind Experten für alte Bücher, Drucke und Retro-Plakate – leider gibt es aber auch immer mehr Kitsch, Postkarten und Schneekugeln zu kaufen. Deshalb hat die Stadt entschieden, Souvenirs nur noch auf einem Viertel der Verkaufsfläche anzubieten. Die Bouquinisten müssen sich bei der Stadt bewerben; die Plätze sind begehrt, auch weil die Mieten niedrig sind. 900 000 Bücher sind im Angebot, darunter rare Erstausgaben. Mit der Buchhändlerin Iris Mönch-Hahn steht am Quai Voltaire seit Kurzem die erste deutsche *bouquiniste* mit einer feinen Auswahl deutschsprachiger Bücher.

- Zu beiden Seiten der Seine
  Métro: Les Halles (Linien 1, 7)

LES CATACOMBES

Paris ist klein und sehr dicht bebaut. Deshalb brauchte die Stadt immer eine »Welt unter der Stadt« – für Versorgungsleitungen & Co. Und das sind die Katakomben. 300 Kilo-

Von außen erinnert das hypermoderne Kulturzentrum Georges-Pompidou an eine riesige Rohrpost.

meter lang ist das unterirdische Labyrinth, das 20 Meter unter der Erde liegt. Und genau anderthalb Kilometer davon können besucht werden. Hier befindet sich das Beinhaus mit den Überresten mehrerer Millionen Pariser, die auf den Friedhöfen keinen Platz mehr gefunden haben. Es ist spannend hier unten, manchmal sogar ein wenig gruselig – nichts für Menschen mit Platzangst! Aber wenn Paris zu heiß ist, dann sind die Katakomben perfekt für einen Besuch, denn hier hat es stets genau 14 Grad.

- 1, avenue du Colonel Henri Roi-Tanguy
www.catacombes.paris.fr
Métro: Denfert-Rochereau (Linien 4, 6)

CENTRE GEORGES-POMPIDOU

Nicht zu übersehen ist dieses moderne Rechteck mit seinen Rolltreppen und gewaltigen Rohren, die an eine überdimensionale Rohrpost erinnern. Die kultivierten Pariser haderten lange mit dem Bau, der sie an eine riesige Fabrik erinnerte. Doch mittlerweile lieben sie das moderne Kulturzentrum, von dessen Rolltreppe schon Barack Obama den Franzosen zuwinkte.

Palais-Royal mit exquisitem Restaurant

Im Inneren locken das Museum für moderne Kunst, eine Bibliothek, eine Kinderwerkstatt, ein Restaurant mit Terrasse sowie diverse Kino- und Theatersäle.

- Place Georges-Pompidou
  75004 Paris
  www.centrepompidou.fr
  Métro: Rambuteau (Linie 11)

PALAIS-ROYAL

Was für ein wunderschöner Stadtpalast: der Palais-Royal war vor dem Bau des Château de Versailles die königliche Residenz, gegenüber dem Louvre. Besonders sehenswert ist heute der Garten des Palais mit seinem Brunnen und den 260 schwarz-weiß gestreiften Säulen, die ein beliebtes Fotomotiv sind. Einer der besten Köche der Stadt, Philip Chronopoulos, kredenzt in einem der Gebäude des Palastes, dem Restaurant Palais-Royal, eine sehr feine, aber recht teure griechisch-französische Gourmetküche.

- 1-7, rue de Valois/2-8, rue de Montpensier
  75001 Paris
  www.domaine-palais-royal.fr
  Métro: Palais Royal–Musée du Louvre (Linien 1, 7)

PARFÜMERIE BULY

Jean-Vincent Bully war einer der ersten Parfümeure und Seifenmacher der Stadt – 1803 eröffnete er sein Geschäft in der Rue Saint-Honoré. Seine Düfte waren schon damals experimentell und außergewöhnlich. Vor wenigen Jahren wurde die Edelmarke wiederbelebt und gerade vom Luxuslabel Louis Vuitton übernommen. Der wunderschöne Laden in der Rue Bonaparte unweit der Seine ist nicht nur durch die alten Apothekerschränke ein Hingucker – hier lassen sich die Düfte auch direkt ausprobieren.

- 6, rue Bonaparte
  75006 Paris
  www.buly1803.com
  Métro: Saint-Germain-des-Prés, Pont-Neuf (Linien 4, 7)

IN PARIS FORTBEWEGEN

Na klar, es gibt die Métro, doch wer will sich in der schönsten Stadt der Welt ständig im Untergrund bewegen? Das Taxi ist keine richtige Alternative, und seitdem die Stadt auf Grün getrimmt wird, gibt es mehr Rad- als Autospuren. Eine Möglichkeit der Fortbewegung wurde in Paris wieder abgeschafft: Ab 2024 sind Elektroroller zum Ausleihen hier verboten, die Bürger stimmten mit überwältigender Mehrheit fürs Abschaffen. Dafür gibt es ein tolles Leihrad-Angebot: Vélib' heißt es, die Fahrräder sind an 1400 Stationen zu finden, die Anmietung geht ganz leicht in der App oder am Automaten, es braucht dafür nur eine Kreditkarte – und schon wird losgeradelt. Und das ist heutzutage gottlob nicht mehr lebensgefährlich.

• www.velib-metropole.fr

Beim Parfümeur Buly musste ich meine Nase einfach in die diversen Flacons stecken.

Paris von A–Z

ÄRZTLICHE VERSORGUNG

Für alle EU-Bürger sind Arztbesuche und ambulante Behandlungen in Krankenhäusern gegen Vorlage der Europäischen Versicherungskarte (EHIC), die in die übliche Versicherungskarte integriert ist, kostenlos. Die Kosten sind vorzustrecken und werden gegen Vorlage der Quittung *(feuille de soins)* teilweise erstattet. Da die EHIC nur eine Grundversorgung abdeckt, ist es immer ratsam, eine zusätzliche private Auslandskrankenversicherung abzuschließen.

Apotheken *(pharmacie)* mit 24-Stunden-Dienst, z. B.:

- Pharmacie Européenne, 6, place de Clichy pharma-europenne.fr
- Pharmacie Les Champs, 84, avenue des Champs-Élysées

BARRIEREFREIES REISEN

Auf der Website der Stadt Paris (de.parisinfo.com) sind viele Infos für Menschen mit eingeschränkten Bewegungsmöglichkeiten zusammengestellt. Dort lässt sich auch die Broschüre »Paris accessible« herunterladen (nur auf Französisch und Englisch).

DIPLOMATISCHE VERTRETUNGEN

Die Auslandvertretungen können bei Passverlust einen Reiseausweis zur Rückkehr ins Heimatland ausstellen. Bei Geldverlust vermitteln sie Kontaktmöglichkeiten mit Verwandten oder Freunden zu Hause. Bei Bedarf helfen sie auf der Suche nach einem Anwalt, Arzt oder Dolmetscher sowie bei Formalitäten.

- **Deutschland:** 24, rue Marbeau, Tel. 01 53 83 45 00, www.allemagneenfrance.diplo.de
- **Österreich:** 6, rue Fabert, Tel. 01 40 63 30 63, www.amb-autriche.fr
- **Schweiz:** 142, rue de Grenelle, Tel. 01 49 55 67 00, www.eda.admin.ch/paris

EINREISE

EU-Bürger reisen mit Personalausweis oder Reisepass, Schweizer mit Pass oder Identitätskarte nach Frankreich ein. Für Kinder (bis 12 J.) genügt ein Kinderreisepass.

FEIERTAGE

1. Januar, Ostermontag, 1. Mai (Tag der Arbeit), 8. Mai (Tag des Sieges 1945), Christi Himmelfahrt, Pfingstmontag, 14. Juli (Natio-

nalfeiertag), 15. August (Mariä Himmelfahrt), 1. November (Allerheiligen), 11. November (Tag des Waffenstillstands 1918), 25. Dezember (Weihnachten)

FUNDBÜRO

Bureau des objets trouvés

- 36, rue des Morillons
  Tel. 08 21 00 25 25
  objetstrouvesprefecturedepolice.
  franceobjetstrouves.fr
  Mo–Mi 8.30–17, Do 8.30–12, Fr 8.30–16.30 Uhr

GELD

Das Bezahlen mit den üblichen Kreditkarten ist in Frankreich weit verbreitet. An allen Geldautomaten *(guichet automatique)* mit dem Maestro-Zeichen kann man mit der Bankkarte und Pin-Code Geld abheben. Banken haben Mo–Fr 9–13 und 14.30–17 Uhr geöffnet, größere Filialen durchgehend.

INFORMATION

Die Büros des Pariser Office de Tourisme informieren, verkaufen Pässe für Museen und öffentliche Verkehrsmittel und vermitteln Hotels (deutschsprachige Website: de.parisinfo.com).

- **Tourist-Info-Center** – Hôtel de Ville: 29, rue de Rivoli, Mo–Sa 10–19, So 10–18, im Winter ab 10 Uhr
- **Tourist-Info-Center** – Gare du Nord, 18, rue de Dunkerque, Mo–Sa 9–17 Uhr

Die Website des Pariser Rathauses konzentriert sich auf Kultur sowie städtische Projekte. Weiterführende Links (www.paris.fr).

Allgemeine Infos zu Frankreich wie auch zu Paris sowie Hotelbuchungen bieten die Büros der Französischen Zentrale für Tourismus ATOUT FRANCE (www.de.france.fr/de, info.de@atout-france.fr).

MEDIEN

Neben den großen überregionalen französischen Tageszeitungen berichtet vor allem das Boulevardblatt »Le Parisien« aus der Hauptstadt. Die Tageszeitung »Métro«, die häufig am Eingang der Métrostationen kostenlos verteilt wird, bietet viele nützliche Informationen.

MUSEEN

Der Eintritt in die 14 städtischen Museen (außer Sonderausstellungen) ist gratis, für staatliche Museen gilt dies nur am ersten Sonntag im Monat (außer in den Sommermonaten). Für Personen unter 26 Jahren (EU-Bürger, sonst unter 18) ist der Eintritt immer frei.

Der Museumspass (www.parismuseumpass.fr) für 2, 4 oder 6 Tage zu 55, 70 oder 85 € bietet freien Eintritt in mehr als 50 Museen (außer Sonderausstellungen) und Denkmäler wie Schloss Fontainebleau, die Villa Savoye oder die Basilique Saint-Denis. Eine Ausnahme bildet der Eiffelturm, für den der Museumspass nicht gilt.

NETZSPANNUNG

230 Volt. In den Hotels braucht man in der Regel keinen Adapter.

NOTRUFNUMMERN

Europaweite Notrufnummer: 112
Notruf/Erste Hilfe (SAMU): Tel. 15
Polizei *(police)*: Tel. 17
Feuerwehr *(pompiers)*: Tel. 18
Kreditkartensperrung: +49 116 116

ÖFFNUNGSZEITEN

In der Regel haben Geschäfte Mo–Sa von 9 bis mindestens 19 Uhr geöffnet, einmal in der Woche bis 21 oder 22 Uhr. Im August machen viele Geschäfte Betriebsferien.

SICHERHEIT

Wegen der vielen Taschendiebe sollte man Wertsachen zu Hause lassen und Geld möglichst nicht offen zeigen. Auch die Geldbörse sollte man zugriffssicher aufbewahren. Besonders in Acht nehmen muss man sich vor Diebstählen in der Métro. Der sicherste Parkplatz für das Auto ist die Hotelgarage.

Wegen erhöhter Sicherheitsmaßnahmen aufgrund der Terroranschläge von 2015 muss in öffentlichen Gebäuden mit verstärkten Kontrollen gerechnet werden.

TELEFON

Seit 2017 werden innerhalb der EU keine Roaming-Gebühren mehr erhoben, für deutsche Mobilfunkkunden gilt in Paris der Inlandstarif.

Internationale Vorwahlen
Deutschland: 00 49
Österreich: 00 43
Schweiz: 00 41
Frankreich: 00 33

TRINKGELD

In Hotels und Restaurants sind 5–10 % des Rechnungsbetrags üblich. Dieses lässt man auf dem Tisch oder Tresen liegen, nachdem man sein Wechselgeld erhalten hat. Die Rechnung im Restaurant wird für alle am Tisch ausgestellt, Einzelabrechnungen sind unüblich.

ZOLL

Reisende aus EU-Ländern dürfen Waren für den persönlichen Bedarf zollfrei ein- und ausführen. Für Schweizer sind Waren bis zum Gesamtwert von 300 CHF zollfrei, zusätzlich 200 Zigaretten oder 50 Zigarren, 1 l Spirituosen über 22 % oder 2 l unter 22 % und 4 l Wein.

Register

Bildnachweis

Coverfoto: Alexander Oetker: Anja Jahn; Shutterstock

Umschlagrückseite: (li.) Alexander Oetker: David Maupilé/seasons.agency; (re.) Pont des Arts: Huber Images/Francesco Carovillano

Alle Fotos von Scarlet Korge außer: Alexander Oetker: 4, 21, 41, 54, 84, 103, 133, 137, 141, 182 – **AWL Images:** Francesco Riccardo Iacomino 118 – **David Maupilé/seasons.agency:** 72, 73, 83, 96, 191 – **Getty Images:** Sara Fernandez 111; Grant Faint 130; Cavan Images 152 – **Huber Images:** Francesco Carovillano 32, 69; Matteo Carassale 144; Massimo Borchi 181 – **Laif:** hemis/Bertrand Gardel 22; hemis/Patrick Escudero 24; hemis/Arnaud Chicurel 27; hemis/Carmen Barea 50; hemis/Bertrand Rieger 175; hemis/Davit Bugrat 178/179 – **Mauritius Images:** Alamy/Steve Tulley 58; Alamy/Roland Nagy 107; Alamy/Tim Ring 158 – **seasons.agency:** 95 – **Shutterstock:** 2, 7o, 8u, 13, 15, 16, 19, 49, 57, 63, 65, 79, 80, 86, 90, 91, 93, 134, 143, 161, 163, 165, 177 – **stock.adobe.com:** 3, 10/11, 35, 38, 52, 75, 98, 116, 119, 131, 147, 148, 151, 155, 159 – **Westend61:** Werner Dieterich 104

Merci beaucoup

Vor allen anderen: Merci, Maman. Du hast mir Frankreich in meine DNA gepflanzt, und ich danke dir für diese Liebe, die ich von dir übernommen habe. Ich bin sehr froh, dass wir Paris für wenige Tage zusammen erleben durften, bevor du nun von oben über Frankreich und mich wachst.

Dass ich als junger Mensch Paris kennenlernen durfte, hier sogar leben durfte, war sehr viel Glück und sehr viel Zufall – es war aber auch das Verdienst vieler Menschen, denen ich hiermit für ihr Vertrauen und ihr Zutrauen danken möchte: vor allem Peter Kleim, Michael Wulf und Peter Kloeppel von meinem Sender RTL sowie allen Kolleginnen und Kollegen bei RTL und n-tv, die mich bei meiner Berichterstattung unterstützt haben.

Dass ich Paris so sehr ins Herz geschlossen habe, liegt an der Stadt, aber auch an ihren Menschen – und ganz besonders an jenen, die mich hier begleitet haben: Romy Straßenburg, Adrian Arnold, Afnan Taha-Steele, Julie Bardella, Paulo Dentinho, Christophe Astruc, Christophe Obert, Peter Heusch, Julika Herzog und alle anderen, die mit mir gearbeitet und gefeiert, gegessen und getrunken haben und mit mir durch die Stadt flaniert sind. Ich danke meinem Sohn Mateo für seinen Trost, als die »alte Kirche« brannte, meinem Sohn Jakob, der bereits *pâtissier* war, als er das Wort noch gar nicht aussprechen konnte, und ich danke Jasmin, die schon weiß, wofür.

Allen bei Gräfe und Unzer herzlichen Dank für ihr Vertrauen in mich, Dr. Philip Laubach und Melanie Loser ebenso wie meiner Lektorin Rosemarie Elsner für ihre großartige und sorgfältige Arbeit an diesem Buch. Merci an meine Verleger Ulrich Ehrlenspiel, Tim Jung und an meinen Freund und Verleger Thomas Ganske, Paris mit dir werde ich nie vergessen!

Merci, ma chère Scarlet: für deine schönen Fotos, für deine Geduld, deine kulinarische Unbestechlichkeit und für deine Unterstützung bei diesem Buch. *Je t'adore.*

Impressum

POLYGLOTT

POLYGLOTT ist eine eingetragene Marke der GRÄFE UND UNZER VERLAG GmbH

ISBN 978-3-8464-0998-5

1. Auflage 2023

Autor: Alexander Oetker
Redaktion und Projektmanagement: Melanie Loser
Lektorat: Rosemarie Elsner
Bildredaktion: Nora Goth
Satz: Nadine Thiel, Baldham
Kartografie: Gerald Konopik, Fürstenfeldbruck
Schlusskorrektur: Ulla Thomsen
Umschlaggestaltung und Layout: Favoritbuero Gbr
Herstellung: Chiara Knell
Repro: Medienprinzen, München
Druck und Bindung: Livonia Print, Lettland

GRÄFE UND UNZER

Ein Unternehmen der
GANSKE VERLAGSGRUPPE

Wichtiger Hinweis
Die Daten und Fakten für dieses Werk wurden mit äußerster Sorgfalt recherchiert und geprüft. Wir weisen jedoch darauf hin, dass diese Angaben häufig Veränderungen unterworfen sind und inhaltliche Fehler oder Auslassungen nicht völlig auszuschließen sind. Für eventuelle Fehler oder Auslassungen können Gräfe und Unzer und der Autor keinerlei Verpflichtung und Haftung übernehmen. Aus Gründen der besseren Lesbarkeit wird in diesem Buch bei Personenbezeichnungen das generische Maskulinum verwendet. Es gilt gleichermaßen für alle Geschlechter.

Ansprechpartner für den Anzeigenverkauf:
KV Kommunalverlag GmbH & Co. KG, MediaCenter München, Tel. 089/928 09 60

Bei Interesse an maßgeschneiderten B2B-Produkten:
b2b-kontakt@graefe-und-unzer.de

Leserservice
GRÄFE UND UNZER Verlag
Grillparzerstraße 12, 81675 München
www.graefe-und-unzer.de

Umwelthinweis
Nachhaltigkeit ist uns sehr wichtig. Der Rohstoff Papier ist in der Buchproduktion hierfür von entscheidender Bedeutung. Daher ist dieses Buch auf PEFC-zertifiziertem Papier gedruckt. PEFC garantiert, dass ökologische, soziale und ökonomische Aspekte in der Verarbeitungskette unabhängig überwacht werden und lückenlos nachvollziehbar sind.